중간지원조직 위탁

정보화사업

사회복지시설

평생교육시설

청소년수련시설

문화예술시설

관광시설

체육시설

민원콜센터

폐기물처리시설

생활폐기물 수집운반

상수도시설

공공하수도시설

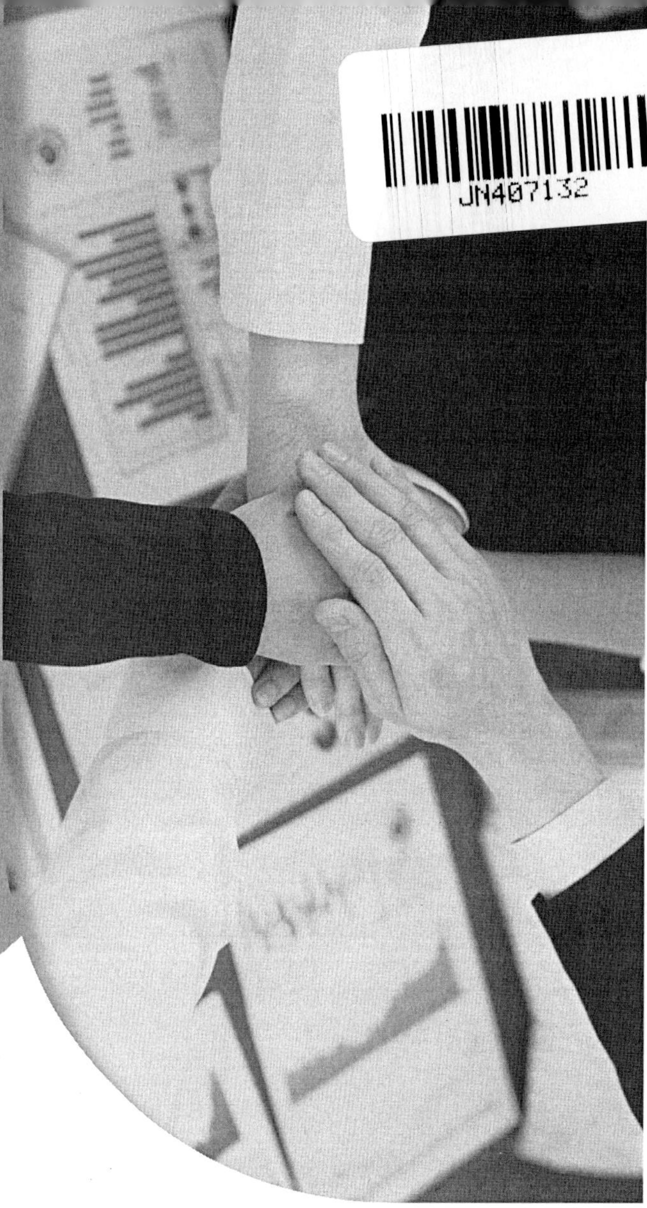

2025 전국 지방자치단체 중간지원조직 위탁 운영현황

공공관리연구원

한국민간위탁연구소
Korea Contracting-out Institute

2025 전국 지방자치단체 2025. 09.

민·관 협업사무 운영 현황

| 중간지원조직 |

공공관리연구원

소셜임팩트랩코리아

Social Value Impact Lab Korea

소셜임팩트랩코리아
Social Value Impact Lab Korea

소셜임팩트랩코리아는 사회혁신을 디자인하고 실행방법론을 연구하고 개발하는 연구조직으로서, 정부, 지방자치단체, 기업 등 민관사회파트너십을 구축하여 상호 지속가능한 공공서비스와 국민체감 및 만족을 위한 공공서비스 리디자인 연구를 수행하는 연구기관입니다. 민간위탁은 성과지향형 공공서비스제공 공급방식의 하나로써 더 나은 정부, 더 효율적인 정부로 가기 위한 제도입니다.

세상의 모든 사물은 세상의 변화를 수용해야 합니다. 민간위탁 사무 또한 운영 목적이나 사회적 가치변화를 수용해야하기 때문에 지속적으로 변화해 왔습니다. 현행 민간위탁 사무의 유형은 공익적 성격과 사익적성격의 사무가 혼재되어 스펙트럼이 다양합니다. 시대적 흐름과 환경변화에 맞는 민간위탁사무는 갈수록 커뮤니티거버넌스형(CG) 공공서비스 제공방식으로 변화되어 가고 있습니다.

이를 효율적으로 관리하기 위해서는 민간위탁의 본질을 이해해야 하는데, 대표적인 영문표기가 contracting out인 것처럼 구매계약 또는 외주계약으로 계약에 관한 전반적인 프로세스를 이해하고 계약관리능력이 필요한 제도라는 것을 이해해야 합니다. 민간위탁 과정은 먼저 민간위탁을 위한 추진계획을 수립한 후 지방의회의 심의를 거쳐 민간위탁 선정심의위원회의 선정과정을 통해 최종 민간위탁 사업자를 선정하게 됩니다. 이 과정에 민간위탁 업체선정을 위한 계약법검토, 조례제정 또는 개정, 적정 위탁비용 산정, 위탁 후 성과평가 결과 적용을 위한 지표개발 등 세부적이고 전문적인 연구결과를 통한 의사결정 자료가 필요하게 됩니다. 이러한 연구결과는 민간기업이 공공서비스를 제공할 때 지속적인 품질 개선을 유도함으로써 서비스경쟁력을 향상시키고, 지자체는 효율적인 예산운영을 통하여 과대 또는 과소예산으로 인한 사회적 비용을 감소시키며 재정운영의 건전성을 증대시키는 효과가 있습니다. 이와 같이 민간위탁만을 연구해온 저희 연구소는 다양한 연구를 통해 얻은 노하우를 바탕으로 좀 더 선진화된 민간위탁 의사결정 자료와 효율적인 운영방안을 제안하는 역할을 수행할 것입니다.

연구소장 배성기

주요연구분야

공공서비스디자인(Public Service Design)
민간위탁관리(Contracting Out Management)
사업타당성검토(Project Feasibility)
정부원가계산(Government Cost Accounting)
정부보조금정산(Government Grant Accounting)
공공서비스성과평가(Public Service Performance Evaluation)
사회적경제기업(Social Economy), 사회적가치평가(SROI)
조직 진단(Organizational Structure Design)
공공관리혁신(Public Management Innovation)
사회기반시설 자산관리(Infrastructure Asset Management)

연락처

전화 : 02 943 1941
팩스 : 02 943 1948
이메일 : pami@pami.re.kr
홈페이지: www.pami.re.kr

2025 전국 지방자치단체 「민·관 협업사무 운영현황」은 이렇게 발간되었습니다.

1. 조사개요

민·관 협업은 학계와 실무계를 불문하고 사회 각계각층이 이 주제의 중요성을 인식하고 처방적 대안 마련에 관심을 쏟고 있음에도 민간위탁 케이스별 연구만이 주로 되어 왔습니다. 또한 사회적 현상을 기반으로 공공서비스의 유형을 공공서비스, 준공공서비스, 선택적 공공서비스 등으로의 구분하고 공익성의 정도에 따른 관리기법 및 예산운영 방법 등을 심도 있게 연구한 연구문헌이 부족한 상황입니다.

민·관 협업형 공공서비스는 국민들과의 최접점에서 공급되는 공공서비스로 지속적으로 성장하는 국민들의 공공서비스 수요를 반영하고 개선하기 위해서는 다양한 주제와 분야별로 지속적인 연구가 되어야 합니다. 하지만 이러한 연구를 하기 위한 기초적 통계자료가 없다는 것은 실로 놀라운 일이 아닐 수 없습니다.

따라서 본 조사는 전국 243개 지자체 전부를 대상으로 민·관 협업사무 현황을 분석하기 위해 지자체의 민간경상사업보조(307-02), 민간단체 법정운영비보조(307-03), 민간행사사업보조(307-04), 민간위탁금(307-05), 사회복지시설법정운영비보조(307-10), 사회복지사업보조(307-11), 민간인위탁교육비(307-12), 공기관등에 대한 경상적 위탁사업비(308-13), 공사공단 경상전출금(309-01), 민간자본사업보조 자체재원(402-01), 민간자본사업보조 이전재원(402-02), 민간위탁사업비(402-03), 공기관등에 대한 자본적 위탁사업비(403-02), 공사공단 자본전출금(404-01) 예산을 조사한 후 해당사무별 업체선정방법, 개별조례 유무, 원가산정기준, 서비스(성과)평가 유무, 수탁기업 현황 등에 대한 정보공개요청을 통해 현황을 조사하였습니다.

본 조사를 통해 얻을 수 있었던 것은 동종의 민·관 협업사무라도 운영예산규모, 업체선정기준, 개별조례유무, 위탁비용 산정기준, 서비스(성과)평가 유무 등이 같지 않다는 것을 알 수 있었습니다. 이를 검증하기 위해서는 심도 있는 연구가 수행 되어야 하겠으나 이런 비교결과조차도 유의미하다고 생각됩니다.

전국 지자체 민·관 협업사무 통계조사의 효용성은 첫째, 유사 민·관 협업사무의 운영예산 확인을 통한 예산운영의 적정성을 판단할 수 있는 기준자료, 둘째, 개별조례 유무 확인을 통한 제정 및 개정 용이, 셋째, 적정 비용 산정기준 확인, 넷째, 성과평가 기준 확인, 다섯째, 민간위탁기업명 확인을 통한 경쟁력 있는 기업선정 기초자료 확보 등과 같습니다.

상기와 같은 조사를 통해 궁극적으로 얻고자 한 것은 「건전한 긴장관계 유지」 입니다. 전국 민·관 협업사무 운영현황을 통해 사무의 종류와 예산의 규모, 협업 수행 기업의 종류와 유형이 공개됨으로써 민·관 협업사무를 추진하는 입장에서는 선택의 폭이 넓어질 것이고, 서비스를 받는 국민의 입장에서는 서비스기업 간 경쟁시스템이 올바르게 갖추어져, 좀 더 체계적이며, 경제적이고, 만족할 만한 공공서비스가 제공 되어질 것입니다.

현 통계 조사의 한계점은 지자체에서 민간이전(307), 자치단체등이전(308), 전출금(309), 민간자본이전(402), 자치단체자본이전(403), 공기업전출금(404) 예산으로 운영하는 사무를 총괄하여 나열하였으나 해당 사무의 예산 편성시 다른 예산항목 사업으로 편성하여 혼재되어 공개된 사무가 다수 존재합니다. 이는 향후 관리자 교육을 통해 민간위탁 사업의 정확한 이해를 기반으로 해당사무 운영 기본 조례 제·개정과 함께 해당 사무가 운영될 시에 해소가 될 것으로 판단됩니다.

본 현황분석은 소셜임팩트랩코리아의 열 번 째 전국단위 민·관 협업사무 운영현황 통계조사를 한 것으로서 미흡한 부분이 다소 존재합니다. 하지만 전국 민·관 협업 서비스 발전을 위한 기초 연구자료로써 중요한 역할을 할 수 있을 것을 기대합니다.

도움을 주신 전국 민·관 협업사무 담당 공무원분들께 감사드립니다.

〈주요 분야 조사결과〉

(자료요청기관수: 245개 지자체 / 단위: 백만원)

분야	2023년 기준 예산	2024년 기준 예산	2025년 기준 예산
하수도	2,148,373	2,224,146	2,418,765
상수도	–	2,552,021	2,708,947
생활폐기물 수집운반	1,956,510	2,137,423	2,638,934
폐기물처리시설	638,846	1,168,608	1,235,285
민원콜센터	–	69,450	75,904
체육시설	478,701	866,072	992,137
관광시설	150,187	180,118	203,502
문화예술시설	323,826	504,846	593,449
청소년수련시설	181,774	242,673	245,763
평생교육시설	–	96,335	118,617
사회복지시설	–	2,220,947	2,478,048
정보화사업	–	703,826	707,663
중간지원조직	**–**	**397,602**	**502,325**

2. 조사기간 : 2025년 6월 ~ 2025년 9월

3. 조사결과

〈중간지원조직 분야 조사결과 종합〉

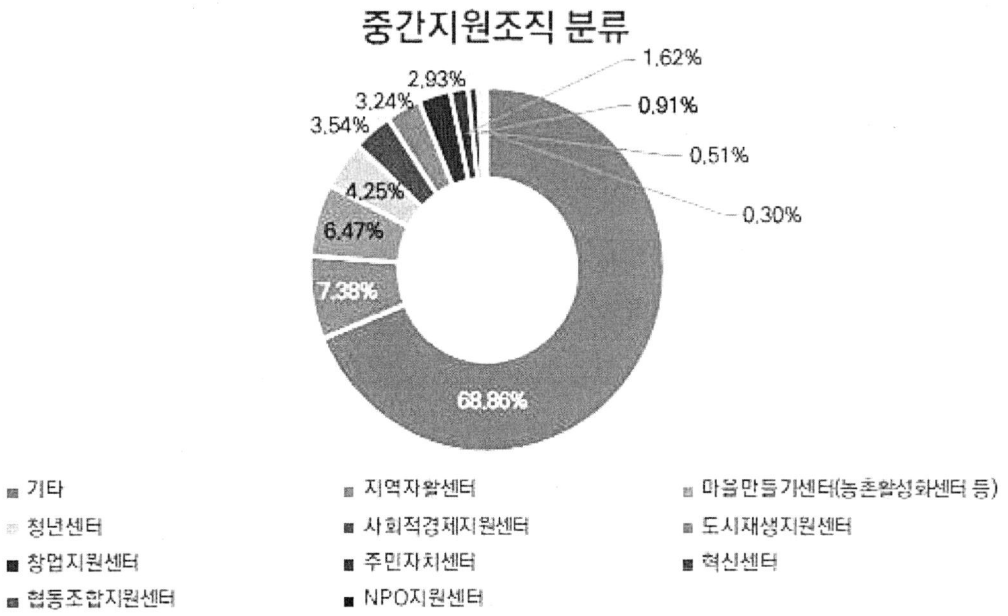

순위	항목	응답 건수(건)	백분율(%)
1	기타	681	68.86
2	지역자활센터	73	7.38
3	마을만들기센터(농촌활성화센터 등)	64	6.47
4	청년센터	42	4.25
5	사회적경제지원센터	35	3.54
6	도시재생지원센터	32	3.24
7	창업지원센터	29	2.93
8	주민자치센터	16	1.62
9	혁신센터	9	0.91
10	협동조합지원센터	5	0.51
11	NPO지원센터	3	0.30

〈 2025년 중간지원조직 분야 조직별 분류 통계 〉

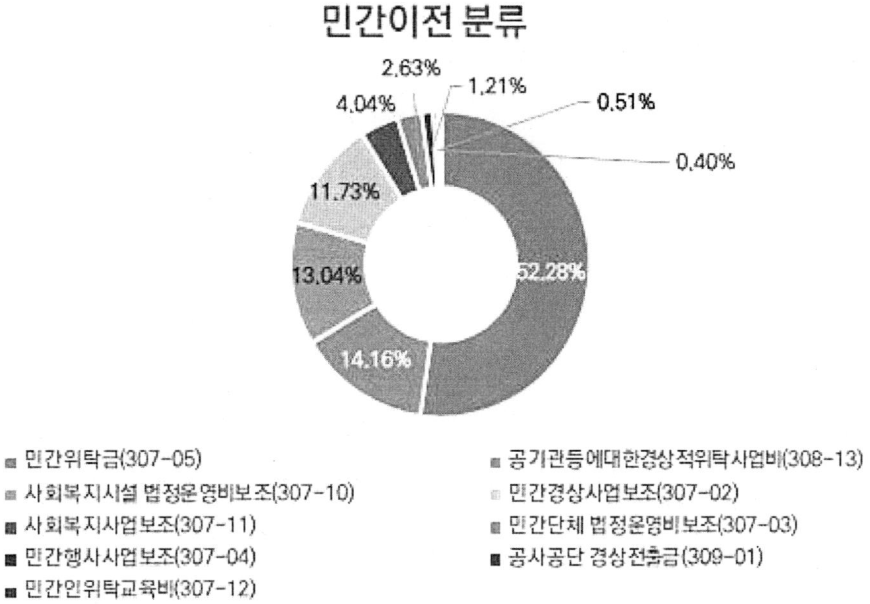

순위	항목	응답 건수(건)	백분율(%)
1	민간위탁금(307–05)	517	52.28
2	공기관등에대한경상적위탁사업비(308–13)	140	14.16
3	사회복지시설 법정운영비보조(307–10)	129	13.04
4	민간경상사업보조(307–02)	116	11.73
5	사회복지시업보조(307–11)	40	4.04
6	민간단체 법정운영비보조(307–03)	26	2.63
7	민간행사사업보조(307–04)	12	1.21
8	공사공단 경상전출금(309–01)	5	0.51
9	민간인위탁교육비(307–12)	4	0.40

〈 2025년 중간지원조직 분야 민간이전 분류 통계 〉

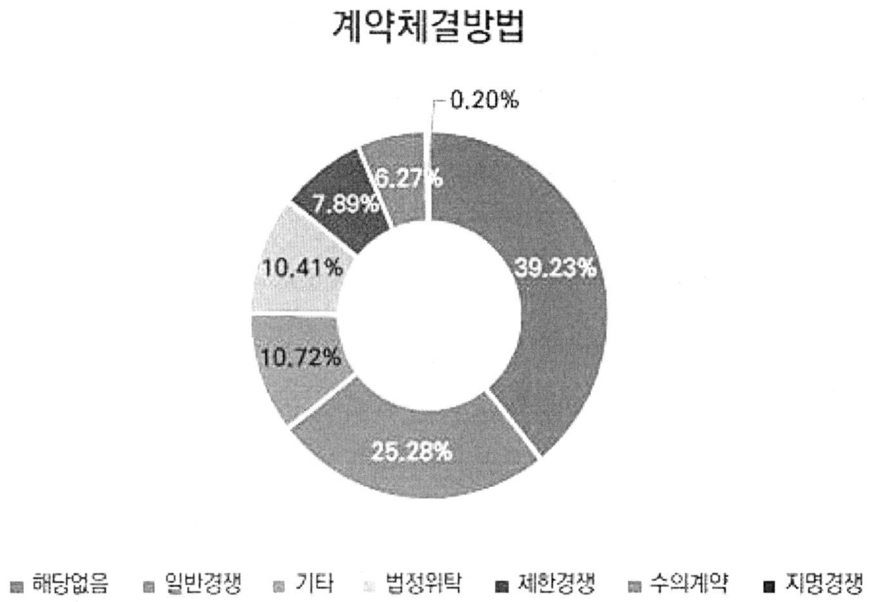

순위	항목	응답 건수(건)	백분율(%)
1	해당없음	388	39.23
2	일반경쟁	250	25.28
3	기타	106	10.72
4	법정위탁	103	10.41
5	제한경쟁	78	7.89
6	수의계약	62	6.27
7	지명경쟁	2	0.20

〈 2025년 중간지원조직 분야 계약체결방법 통계 〉

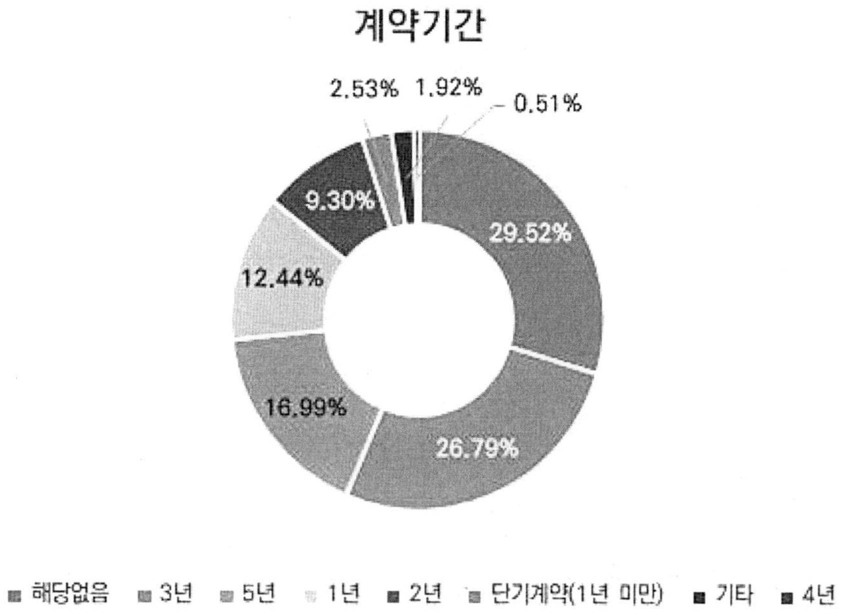

순위	항목	응답 건수(건)	백분율(%)
1	해당없음	292	29.52
2	3년	265	26.79
3	5년	168	16.99
4	1년	123	12.44
5	2년	92	9.30
6	단기계약(1년 미만)	25	2.53
7	기타	19	1.92
8	4년	5	0.51

〈 2025년 중간지원조직 분야 계약기간 통계 〉

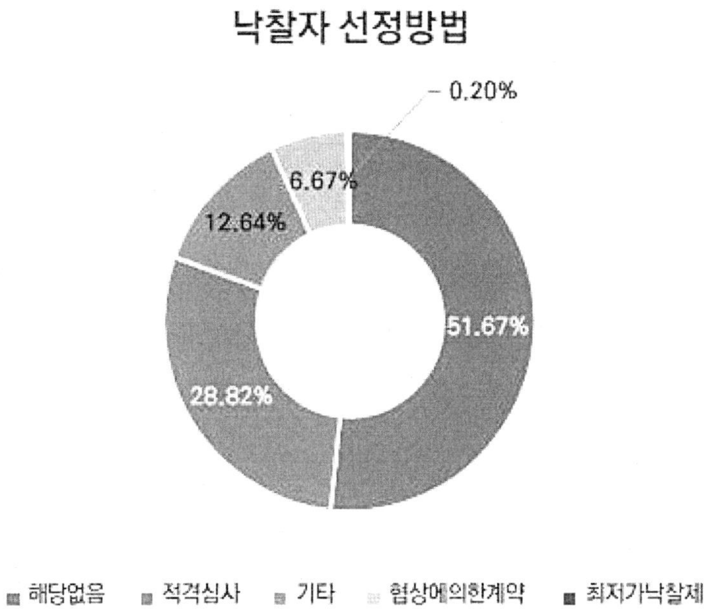

순위	항목	응답 건수(건)	백분율(%)
1	해당없음	511	51.67
2	적격심사	285	28.82
3	기타	125	12.64
4	협상에의한계약	66	6.67
5	최저가낙찰제	2	0.20

〈 2025년 중간지원조직 분야 낙찰자 선정방법 통계 〉

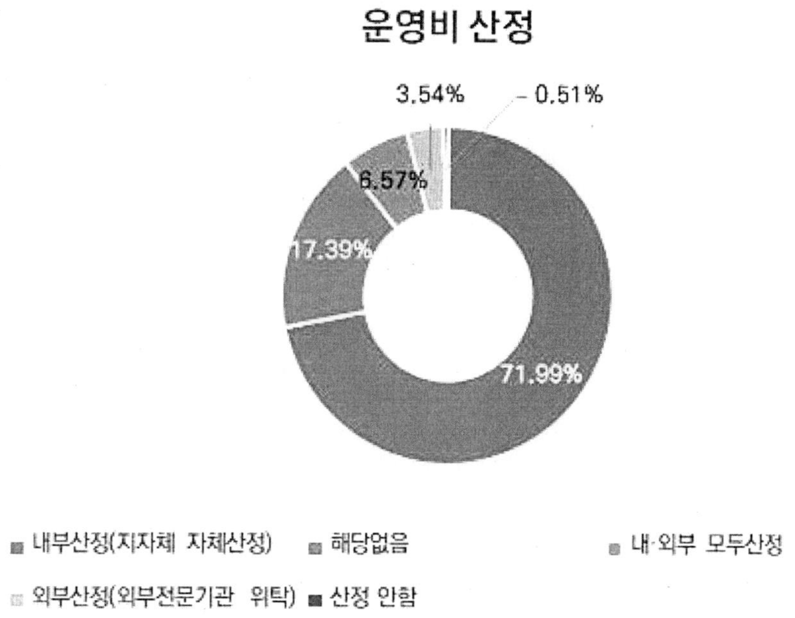

순위	항목	응답 건수(건)	백분율(%)
1	내부산정(지자체 자체산정)	712	71.99
2	해당없음	172	17.39
3	내 · 외부 모두산정	65	6.57
4	외부산정(외부전문기관 위탁)	35	3.54
5	산정 안함	5	0.51

〈 2025년 중간지원조직 분야 운영비 산정 통계 〉

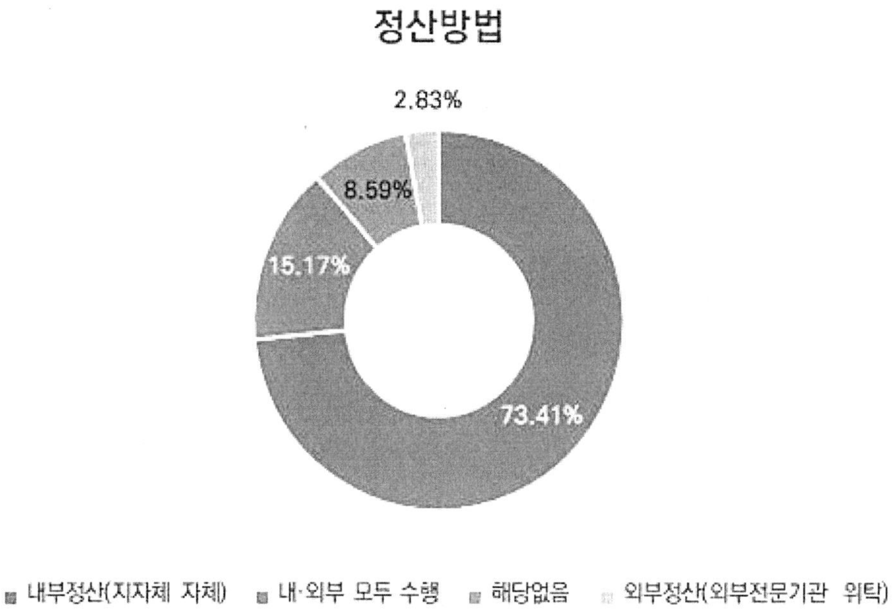

순위	항목	응답 건수(건)	백분율(%)
1	내부정산(지자체 자체)	726	73.41%
2	내 · 외부 모두 수행	150	15.17%
3	해당없음	85	8.59%
4	외부정산(외부전문기관 위탁)	28	2.83%

〈 2025년 중간지원조직 분야 정산방법 통계 〉

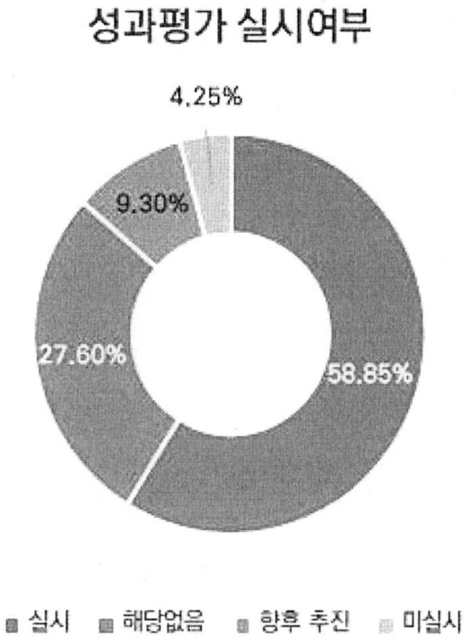

순위	항목	응답 건수(건)	백분율(%)
1	실시	582	58.85
2	해당없음	273	27.60
3	향후 추진	92	9.30
4	미실시	42	4.25

〈 2025년 중간지원조직 분야 성과평가 실시여부 통계 〉

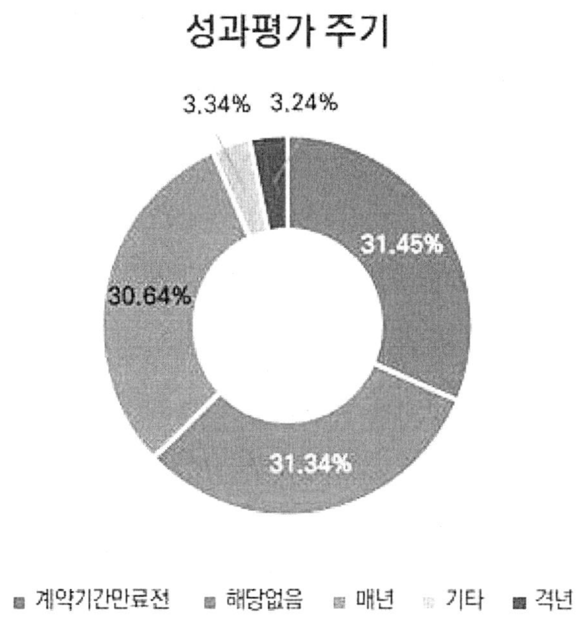

순위	항목	응답 건수(건)	백분율(%)
1	계약기간만료전	311	31.45
2	해당없음	310	31.34
3	매년	303	30.64
4	기타	33	3.34
5	격년	32	3.24

〈 2025년 중간지원조직 분야 성과평가 주기 통계 〉

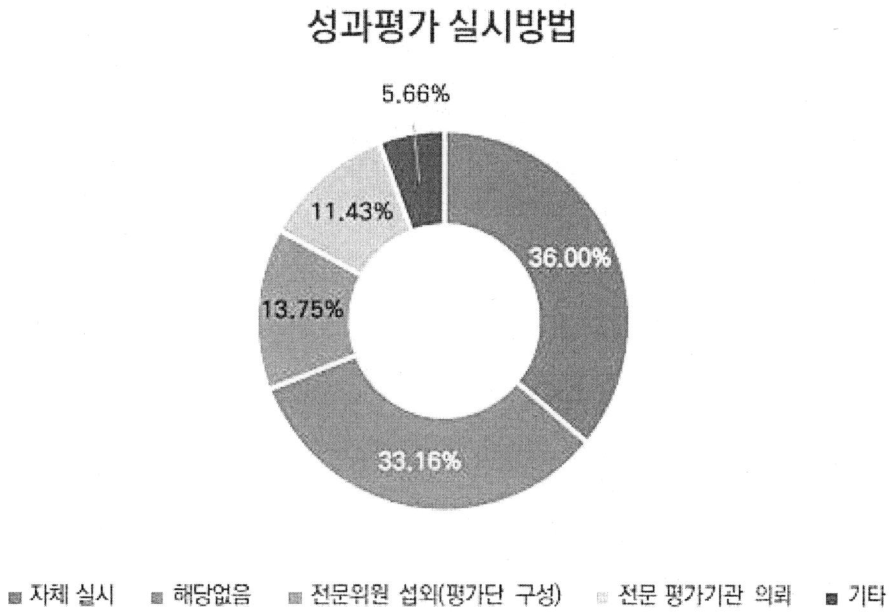

순위	항목	응답 건수(건)	백분율(%)
1	자체 실시	356	36.00
2	해당없음	328	33.16
3	전문위원 섭외(평가단 구성)	136	13.75
4	전문 평가기관 의뢰	113	11.43
5	기타	56	5.66

〈 2025년 중간지원조직 분야 성과평가 실시방법 통계 〉

평가기준 적용방법

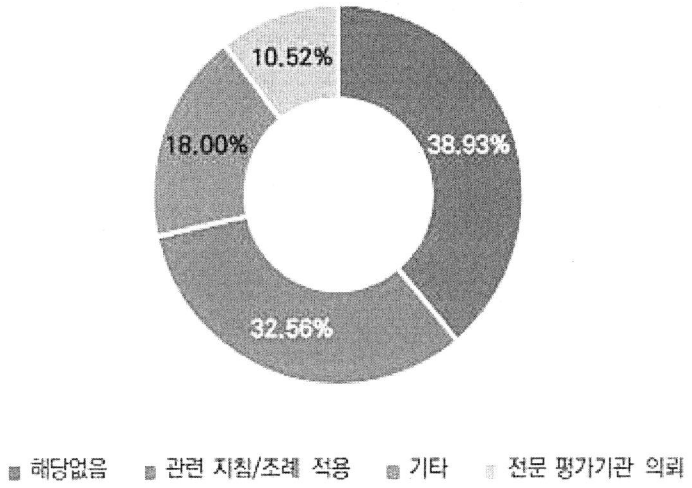

순위	항목	응답 건수(건)	백분율(%)
1	해당없음	385	38.93
2	관련 지침/조례 적용	322	32.56
3	기타	178	18.00
4	전문 평가기관 의뢰	104	10.52

〈 2025년 중간지원조직 분야 평가기준 적용방법 통계 〉

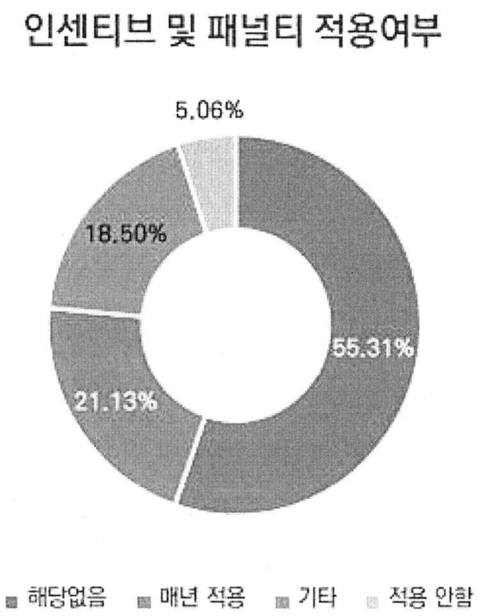

순위	항목	응답 건수(건)	백분율(%)
1	해당없음	547	55.31
2	매년 적용	209	21.13
3	기타	183	18.50
4	적용 안함	50	5.06

〈 2025년 중간지원조직 분야 인센티브 및 패널티 적용여부 통계 〉

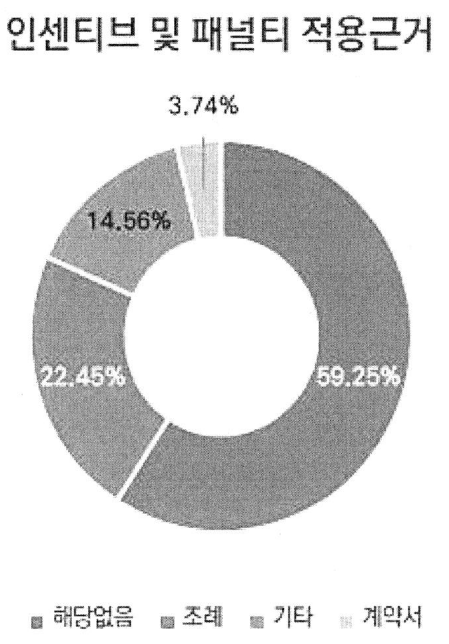

순위	항목	응답 건수(건)	백분율(%)
1	해당없음	586	59.25
2	조례	222	22.45
3	기타	144	14.56
4	계약서	37	3.74

〈 2025년 중간지원조직 분야 인센티브 및 패널티 적용근거 통계 〉

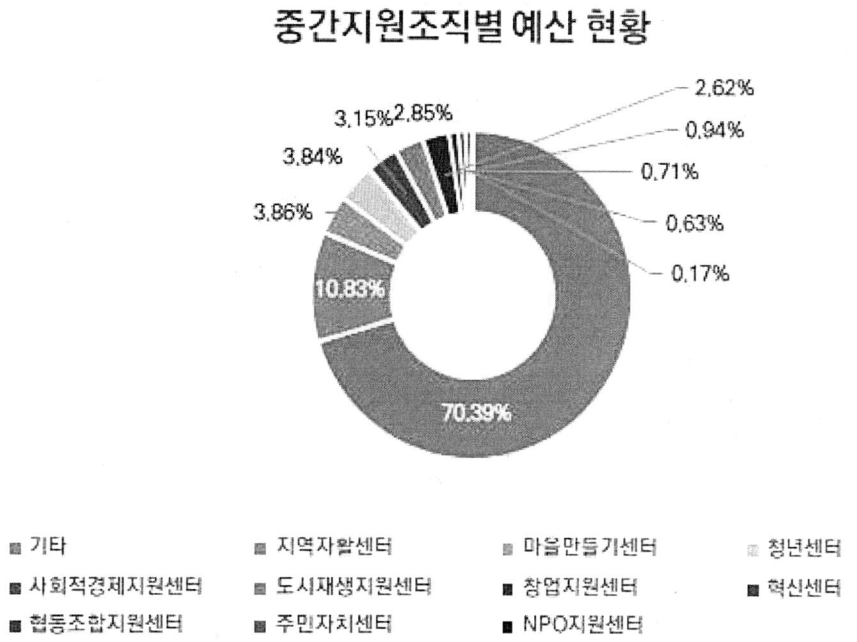

순위	시설	예산액(천원)	백분율(%)
1	기타	353,597,249	70.39
2	지역자활센터	54,378,773	10.83
3	마을만들기센터	19,413,073	3.86
4	청년센터	19,313,142	3.84
5	사회적경제지원센터	15,816,935	3.15
6	도시재생지원센터	14,332,821	2.85
7	창업지원센터	13,136,042	2.62
8	혁신센터	4,717,157	0.94
9	협동조합지원센터	3,573,868	0.71
10	주민자치센터	3,166,580	0.63
11	NPO지원센터	878,879	0.17

〈 2025년 중간지원조직 분야 예산 현황 통계 〉

〈중간지원조직 운영 세부 현황〉

(자료요청기관수: 245개 지자체 / 단위: 개수, 백만원, %)

구분	사업 수		예산액	
	사업 수	비율	예산액	비율
도시재생지원센터	179	18.1%	111,421	22.2%
마을만들기센터	143	14.5%	85,221	17.0%
사회적경제지원센터	161	16.3%	96,510	19.2%
주민자치센터	51	5.2%	18,267	3.6%
창업지원센터	136	13.8%	51,486	10.2%
NPO지원센터	62	6.3%	19,547	3.9%
협동조합지원센터	49	5.0%	27,111	5.4%
혁신센터	51	5.2%	17,248	3.4%
청년센터	43	4.3%	19,980	4.0%
지역자활센터	94	9.5%	39,972	8.0%
기타	20	2.0%	15,562	3.1%
합계	**989**	**100.0%**	**502,325**	**100.0%**

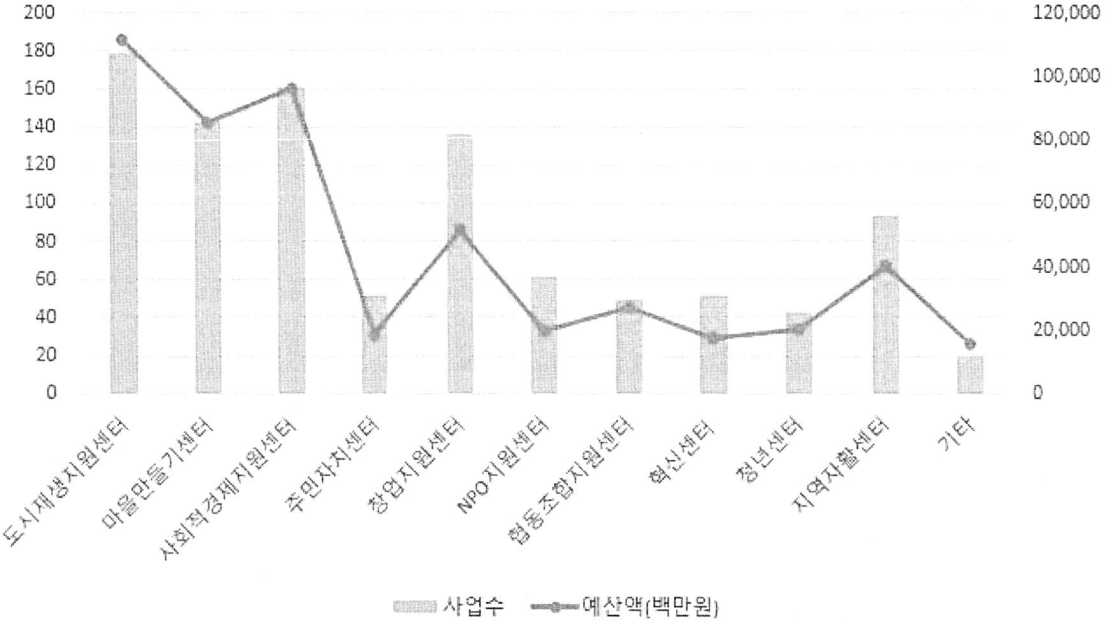

〈 2025년 기준 중간지원조직 운영 세부 현황 〉

■ 민·관협업 예산비목 설명

1) 민간경상사업보조(307-02)란 민간이 행하는 사업에 대하여 자치단체가 이를 권장하기 위하여 교부하는 것으로 자본적 경비를 제외한 보조금을 말함
2) 민간단체 법정운영비보조(307-03)란 지방재정법 제17조 및 지방보조금법 제6조제2항에 따라 운영비를 지원할 수 있는 단체 등에 지원하는 경비를 말함
3) 민간행사사업보조(307-04)란 민간이 주관 또는 주최하는 행사에 대하여 자본적 경비를 제외한 보조금을 말함
4) 민간위탁금(307-05)이란 국가 또는 지방자치단체가 법령 및 조례에 의하여 민간인에게 위탁관리시키는 사업 중 기금성격의 사업비로서 사업이 종료되거나 위탁이 폐지될 때에는 전액 국고 또는 지방비로 회수가 가능한 사업을 말함
5) 사회복지시설 법정운영비 보조(307-10)란 주민 복지를 위해 법령의 명시적 근거에 따라 사회복지시설에 대하여 운영비 지원 목적으로 편성하는 보조금을 말함
6) 사회복지사업보조(307-11)란 주민 복지를 위해 법령 또는 조례상 지원기준에 따라 의무적으로 지출하는 보조금 또는 자치단체가 권장하는 다음 각 호의 사업을 위하여 지급하는 보조금으로서 자본적 경비를 제외한 경비를 말함
7) 민간인위탁교육비(307-12)란 법령 또는 조례 등에 따라 자치단체 사무를 위해 민간인을 위탁교육할 경우 위탁기관에 지급할 위탁교육비를 말함
8) 공기관등에 대한 경상적 위탁사업비(308-13)란 광역사업 등 당해 자치단체가 시행하여야 할 자본형성적 사업 외의 경비를 공기관에 위임 또는 위탁, 대행하여 시행할 경우 부담하는 제반경비, 지방자치단체조합(한국지역정보개발원 등)에 위탁하는 자본 형성적 사업 외 제반 경비를 말함
9) 공사 · 공단 경상전출금(309-01)이란 공사 · 공단에 대한 자본전출금을 제외한 전출금을 말함
10) 민간자본사업보조(자체재원)(402-01)이란 민간의 자본형성을 위하여 민간이 추진하는 사업을 권장할 목적으로 민간에게 자치단체 자체 재원으로 직접 지급하는 보조금을 말함
11) 민간자본사업보조(이전재원)(402-02)이란 민간의 자본형성을 위하여 민간이 추진하는 사업을 권장할 목적으로 민간에게 국비 또는 시도비를 시도 및 시군구에서 지급하는 보조금
12) 민간위탁사업비(402-03)란 자치단체가 직접 추진하여야 할 사업으로서 법령의 규정에 의하여 민간에 위임 또는 위탁, 대행시키는 사업의 사업비, 국가 또는 지방자치단체의 위임사무에 수반하는 경비로서 지방자치단체 이외의 타에 지급하는 교부금을 말함
13) 공기관등에 대한 자본적 위탁사업비(403-02)란 광역사업 등 당해 자치단체가 시행하여야 할 자본 형성적 사업을 공기관에 위임 또는 위탁, 대행하여 시행할 경우 부담하는 제반경비를 말함
14) 공사·공단자본전출금(404-01)이란 공사·공단에 대한 자본형성 또는 경제개발을 위하여 지급하는 전출금을 말함

자료출처 : 행정안전부, 2025년도 지방자치단체 예산편성 운영기준 및 기금운용계획 수립기준(2024. 7.)

목 차

1. 중간지원조직 ······ 1

서울

서울특별시 ······ 1
종로구 ······ 1
중구 ······ 1
용산구 ······ 1
성동구 ······ 1
동대문구 ······ 1
중랑구 ······ 1
성북구 ······ 2
강북구 ······ 2
노원구 ······ 2
은평구 ······ 2
마포구 ······ 2
양천구 ······ 2
구로구 ······ 2
영등포구 ······ 2
관악구 ······ 2
송파구 ······ 3

부산

부산광역시 ······ 3
서구 ······ 5
동구 ······ 5
부산진구 ······ 5
동래구 ······ 5
남구 ······ 5
북구 ······ 5
사하구 ······ 5
수영구 ······ 5
사상구 ······ 6
기장군 ······ 6

대구

대구광역시 ······ 6
중구 ······ 7
남구 ······ 7
북구 ······ 7
수성구 ······ 7
달서구 ······ 7
달성군 ······ 8
군위군 ······ 8

인천

인천광역시 ······ 8
중구 ······ 8
연수구 ······ 8
남동구 ······ 8
부평구 ······ 8
계양구 ······ 8
강화군 ······ 8
옹진군 ······ 8

광주

광주광역시 ······ 8
동구 ······ 9
남구 ······ 9
북구 ······ 9

대전

대전광역시 ······ 9
중구 ······ 10
서구 ······ 10
대덕구 ······ 10

목 차

울산

울산광역시 ······10
남구 ······10
북구 ······10
울주군 ······10

세종

세종특별자치시 ······10

경기

의정부시 ······10
안양시 ······11
광명시 ······11
평택시 ······11
동두천시 ······11
안산시 ······11
고양특례시 ······11
과천시 ······11
구리시 ······11
오산시 ······11
군포시 ······11
용인특례시 ······11
파주시 ······11
여주시 ······11
화성특례시 ······11
양주시 ······12
포천시 ······12

강원

강원특별자치도 ······12
춘천시 ······13
원주시 ······13
동해시 ······13
태백시 ······13
횡성군 ······13
영월군 ······13
평창군 ······13
정선군 ······13
철원군 ······13

충북

충청북도 ······13
청주시 ······14
충주시 ······14
제천시 ······14
옥천군 ······14
영동군 ······14
증평군 ······14
괴산군 ······14
음성군 ······15
단양군 ······15

충남

충청남도 ······15
천안시 ······15
공주시 ······15
당진시 ······15
논산시 ······15
금산군 ······16
부여군 ······16

목 차

청양군 ······16
홍성군 ······16
예산군 ······16
태안군 ······16

전북

전북특별자치도 ······16
전주시 ······16
군산시 ······17
익산시 ······17
정읍시 ······17
완주군 ······17
진안군 ······17
무주군 ······17
장수군 ······17
순창군 ······17
임실군 ······17
고창군 ······17

전남

전라남도 ······17
목포시 ······17
여수시 ······17
나주시 ······17
광양시 ······17
담양군 ······17
고흥군 ······17
화순군 ······17

경북

경상북도 ······18
포항시 ······18
안동시 ······18
구미시 ······18
영주시 ······18
경산시 ······18
의성군 ······18
영양군 ······18
영덕군 ······18
청도군 ······18
고령군 ······18
울진군 ······18

경남

경상남도 ······19
창원특례시 ······19
진주시 ······20
사천시 ······20
김해시 ······20
거제시 ······20
양산시 ······20
창녕군 ······20
하동군 ······20
거창군 ······21
산청군 ······21
함양군 ······21
합천군 ······21

제주

제주특별자치도 ······21
제주시 ······21
서귀포시 ······21

2025년 전국 지방자치단체 중간지원조직 위탁 운영현황 조사

순번	시군구	지출명 (사업명)	중간지원조직 위탁형태 1. 도시재생지원센터 2. 마을만들기센터 (농촌활성화센터 등) 3. 사회적경제지원센터 4. 주민자치센터 5. 창업지원센터 6. NPO지원센터 7. 협동조합지원센터 8. 혁신센터 9. 청년센터 10. 지역자활센터	2025년예산 (단위:천원/1년간)	민간이전 분류 (지방자치단체 세출예산 집행기준에 의거) 1. 민간경상사업보조(307-02) 2. 민간단체 법정운영비보조(307-03) 3. 민간행사사업보조(307-04) 4. 민간위탁금(307-05) 5. 사회복지시설 법정운영비보조(307-10) 6. 사회복지사업보조(307-11) 7. 민간인위탁교육비(307-12) 8. 공기관등에대한경상적위탁사업비(308-13) 9. 공사공단 경상전출금(309-01)	민간이전지출 근거 (지방보조금 관리기준 참고) 1. 법률에 규정 2. 국고보조 재원(국가지정) 3. 용도 지정 기부금 4. 조례에 직접규정 5. 지자체가 권장하는 사업을 하는 공공기관 6. 시,도 정책 및 재정사정 7. 기타 8. 해당없음	입찰방식: 계약체결방법 (경쟁형태) 1. 일반경쟁 2. 제한경쟁 3. 지명경쟁 4. 수의계약 5. 법정위탁 6. 기타 ( ) 7. 해당없음	입찰방식: 계약기간 1. 1년 2. 2년 3. 3년 4. 4년 5. 5년 6. 기타 ( )년 7. 단기계약 (1년미만) 8. 해당없음	입찰방식: 낙찰자선정방법 1. 적격심사 2. 협상에의한계약 3. 최저가낙찰제 4. 규격가격분리 5. 2단계 경쟁입찰 6. 기타 ( ) 7. 해당없음	운영예산 산정: 운영비산정 1. 내부산정 (지자체 자체적으로 산정) 2. 외부산정 (외부전문기관위탁 산정) 3. 내·외부 모두 산정 4. 산정 無 5. 해당없음	운영예산 산정: 정산방법 1. 내부정산 (지자체 내부적으로 정산) 2. 외부정산 (외부전문기관위탁 정산) 3. 내·외부 모두 산정 4. 정산 無 5. 해당없음	성과평가: 성과평가 실시여부 1. 실시 2. 미실시 3. 향후 추진 4. 해당없음	성과평가: 성과평가 주기 1. 매년 2. 격년 3. 기간만료전 4. 기타 ( ) 5. 해당없음	성과평가: 성과평가 실시 방법 1. 자체 실시 2. 평가단 구성 후 실시 (전문위원 섭외) 3. 전문 평가기관 의뢰 4. 기타 ( ) 5. 해당없음	성과평가: 평가기준 적용방법 1. 관련 조례 적용 2. 전문 평가기관 의뢰 3. 기타 ( ) 4. 해당없음	평가결과 적용: 실제 인센티브 및 페널티 적용여부 1. 매년 적용 2. 적용 안함 3. 기타 ( ) 4. 해당없음	평가결과 적용: 인센티브 및 페널티 적용근거 1. 조례 2. 계약서 3. 기타 ( ) 4. 해당없음
1	서울특별시	서울먹거리창업센터 운영	5	432,572	4	6	1	3	2	5	1	1	3	3	2	3	3
2	서울특별시	서울시 공익활동지원시설 운영	11	1,798,550	4	4	1	3	2	5	1	1	3	1	3	1	1
3	서울특별시	서울시 사회적경제지원센터 운영	3	2,688,500	4	4	1	3	1	5	1	1	3	3	2	1	1
4	서울 종로구	사회적경제통합지원센터 운영(보조)	3	185,500	4	4	5	1	7	1	1	1	1	1	1	2	4
5	서울 중구	사회적경제 통합지원센터 운영	3	288,500	4	4	1	3	1	1	3	3	3	1	1	2	4
6	서울 용산구	용산청년지음 운영	9	587,000	4	4	1	3	1	1	1	1	3	1	1	4	4
7	서울 성동구	정신건강복지사업	11	1,168,266	4	4	2	5	6	1	1	1	3	1	3	4	4
8	서울 성동구	지역 치매안심센터 운영	11	1,222,432	4	4	1	3	6	1	1	1	3	1	1	4	4
9	서울 성동구	1인가구지원센터 운영	11	494,160	4	6	1	3	6	1	1	1	3	1	1	4	4
10	서울 성동구	성동구 청년지원센터 운영	9	292,705	4	4	1	3	7	1	1	1	3	1	1	4	4
11	서울 성동구	서울청년센터 성동	9	572,000	4	4	1	3	7	1	1	1	3	1	1	4	4
12	서울 성동구	성동구 사회적경제지원센터 운영	3	320,000	4	4	1	3	1	1	1	3	3	1	1	4	4
13	서울 성동구	성동근로자복지센터 운영	11	360,762	4	1	1	2	1	1	3	1	1	1	1	4	4
14	서울 광진구	광진경제허브센터	5	164,812	4	4	1	2	1	3	1	1	3	3	1	4	4
15	서울 광진구	광진구 노동복지센터	7	360,000	4	4	1	2	1	3	1	1	3	3	1	4	4
16	서울 광진구	서울청년센터 광진	9	566,750	4	4	1	2	1	3	1	1	3	3	1	4	4
17	서울 광진구	광진장애인보호작업장	10	440,129	5	1	1	5	1	3	1	1	3	3	1	4	4
18	서울 광진구	광진지역자활센터	10	562,091	5	1	1	1	1	3	1	1	3	3	1	4	4
19	서울 동대문구	탄소중립 지원센터 운영	11	200,000	1	1	2	6(1년9개월)	1	1	2	1	1	2	3	1	3
20	서울 동대문구	창업지원센터 운영	3	257,919	4	4	1	3	1	1	1	1	3	2	1	1	1
21	서울 동대문구	동대문구가족센터 운영	11	856,294	4	2	7	5	7	1	1	2	5	5	4	4	4
22	서울 동대문구	어린이급식관리지원센터 운영	11	640,000	4	2	2	3	2	1	3	1	1	1	3	2	4
23	서울 동대문구	진로직업체험지원센터 운영	11	220,000	4	1	1	2	1	1	1	1	3	3	3	4	4
24	서울 동대문구	지역치매안심센터 운영	11	1,238,512	4	2	1	3	1	2	3	1	3	2	1	4	4
25	서울 동대문구	정신건강복지센터 운영	11	1,345,100	4	2	1	3	1	1	3	1	3	2	3	1	3
26	서울 동대문구	서울청년센터 동대문 운영	9	572,000	4	4	2	2	2	1	1	1	1	1	1	1	1
27	서울 동대문구	DDM 청년창업센터 유니콘 운영	5	325,000	4	1	2	1	2	1	1	1	3	2	4	3	2
28	서울 동대문구	구립50플러스센터 운영	11	199,600	4	4	6	3	7	1	1	3	5	5	4	4	4
29	서울 동대문구	지역자활센터운영	10	531,886	5	1	5	6	7	5	1	1	2	2	3	3	3
30	서울 동대문구	동대문구사회복지협의회 운영 지원	11	145,866	5	1	5	5	7	3	1	4	5	5	4	4	4
31	서울 동대문구	동대문구지역사회보장협의체 운영 지원	11	49,818	2	1	5	5	7	3	1	1	4(분기)	1	3	4	4
32	서울 동대문구	푸드뱅크 및 푸드마켓 지원	11	237,810	3	1	7	8	7	1	2	1	4(3년)	2	1	4	4
33	서울 동대문구	1인가구지원센터	11	134,500	4	4	1	1	1	1	1	1	1	1	1	4	4
34	서울 동대문구	보훈회관 운영비	11	265,000	4	4	5	2	7	1	1	1	1	1	1	1	1
35	서울 중랑구	마을지원센터 운영지원	2	236,000	4	4	1	3	1	1	1	3	3	1	1	3	3
36	서울 중랑구	노동자종합지원센터 운영 지원	11	250,253	4	4	1	3	1	1	1	1	1	1	1	1	1
37	서울 중랑구	지역자활센터운영지원	10	559,032	5	2	5	8	7	1	1	1	2	4	3	1	3
38	서울 중랑구	자활사례관리	10	31,740	5	2	5	8	7	1	1	1	2	4	3	1	3
39	서울 중랑구	자활근로(사업위탁사업)	10	3,271,475	6	2	5	8	7	1	1	1	2	4	3	1	3
40	서울 중랑구	육아종합지원센터 운영지원	11	1,504,449	4	1	1	3	1	1	1	1	3	1	1	3	1
41	서울 중랑구	성평등활동센터 운영	11	162,360	4	4	2	3	1	1	1	1	1	1	1	1	2
42	서울 중랑구	건강가정 지원사업	11	707,026	4	1	1	3	1	1	1	1	3	1	1	1	1
43	서울 중랑구	공동육아나눔터 운영지원	11	62,337	4	1	1	3	1	1	1	1	3	1	1	1	1
44	서울 중랑구	다문화가족 지원사업	11	622,440	4	1	1	3	1	1	1	1	3	1	1	1	1
45	서울 중랑구	서울가족학교 운영지원	11	53,235	6	6	1	3	1	1	1	1	3	1	1	1	1

순번	시군구	지출명 (사업명)	중간지원조직 위탁형태 1. 도시재생지원센터 2. 마을만들기센터 (농촌활성화센터 등) 3. 사회적경제지원센터 4. 주민자치센터 5. 창업지원센터 6. NPO지원센터 7. 협동조합지원센터 8. 혁신센터 9. 청년센터 10. 지역자활센터	2025년예산 (단위:천원/1년간)	민간이전 분류 (지방자치단체 세출예산 집행기준에 의거) 1. 민간경상사업보조(307-02) 2. 민간단체 법정운영비보조(307-03) 3. 민간행사사업보조(307-04) 4. 민간위탁금(307-05) 5. 사회복지시설 법정운영비보조(307-10) 6. 사회복지사업보조(307-11) 7. 민간인위탁교육비(307-12) 8. 공기관등에대한경상적위탁사업비(308-13) 9. 공사공단 경상전출금(309-01)	민간이전지출 근거 (지방보조금 관리기준 참고) 1. 법률에 규정 2. 국고보조 재원(국가지정) 3. 용도 지정 기부금 4. 조례에 직접규정 5. 지자체가 권장하는 사업을 하는 공공기관 6. 시,도 정책 및 재정사정 7. 기타 8. 해당없음	입찰방식 계약체결방법 (경쟁형태) 1. 일반경쟁 2. 제한경쟁 3. 지명경쟁 4. 수의계약 5. 법정위탁 6. 기타 () 7. 해당없음	입찰방식 계약기간 1. 1년 2. 2년 3. 3년 4. 4년 5. 5년 6. 기타 ()년 7. 단기계약 (1년미만) 8. 해당없음	입찰방식 낙찰자선정방법 1. 적격심사 2. 협상에의한계약 3. 최저가낙찰제 4. 규격가격분리 5. 2단계 경쟁입찰 6. 기타 () 7. 해당없음	운영예산 산정 운영비산정 1. 내부산정 (지자체 자체적으로 산정) 2. 외부산정 (외부전문기관위탁 산정) 3. 내·외부 모두 산정 4. 산정 無 5. 해당없음	운영예산 산정 정산방법 1. 내부정산 (지자체 내부적으로 정산) 2. 외부정산 (외부전문기관위탁 정산) 3. 내·외부 모두 산정 4. 정산 無 5. 해당없음	성과평가 성과평가 실시여부 1. 실시 2. 미실시 3. 향후 추진 4. 해당없음	성과평가 성과평가 주기 1. 매년 2. 격년 3. 기간만료전 4. 기타 () 5. 해당없음	성과평가 성과평가 실시 방법 1. 자체 실시 2. 평가단 구성 후 실시 (전문위원 섭외) 3. 전문 평가기관 의뢰 4. 기타 () 5. 해당없음	성과평가 평가기준 적용방법 1. 관련 조례 적용 2. 전문 평가기관 의뢰 3. 기타 () 4. 해당없음	평가결과 적용 실제 인센티브 및 페널티 적용여부 1. 매년 적용 2. 적용 안함 3. 기타 ( ) 4. 해당없음	평가결과 적용 인센티브 및 페널티 적용근거 1. 조례 2. 계약서 3. 기타 ( ) 4. 해당없음
46	서울 중랑구	다문화가족 특성화사업	11	251,690	6	1	1	3	1	1	1	1	3	1	1	1	1
47	서울 중랑구	청소년상담복지센터 운영지원(청소년안전망)	11	681,530	4	2	1	3	1	1	1	1	3	1	3(지침)	3(지침)	3(지침)
48	서울 중랑구	학교 밖 청소년 지원(꿈드림 운영)	11	231,909	4	2	1	3	1	1	1	1	3	1	3(지침)	3(지침)	3(지침)
49	서울 성북구	성북50플러스센터 운영	11	680,000	4	4	1	5	1	5	5	1	3	1	1	4	4
50	서울 성북구	지역자활센터 운영	10	485,665	6	2	5	8	7	5	5	1	1	4	2	1	3
51	서울 성북구	치매안심센터 운영	11	1,526,972	4	2	1	3	1	3	3	1	1	4	3	4	4
52	서울 성북구	사회적 경제센터 운영	3	363,994	4	4	2	3	2	1	1	1	3	1	3	1	2
53	서울 강북구	사회적경제지원센터 운영	3	319,300	4	4	1	3	6	1	1	1	3	2	3	3	3
54	서울 강북구	강북청년창업마루 운영	9	1,035,577	4	4	1	3	6	1	1	1	3	2	3	3	3
55	서울 도봉구	서울청년센터 도봉 운영	9	555,686	8	5	6	3	7	3	3	1	1	4	3	3	3
56	서울 노원구	노원에코센터 운영	11	255,493	8	8	7	8	7	1	1	4	5	5	4	4	4
57	서울 노원구	중랑천환경센터 운영	11	138,030	8	8	7	8	7	1	1	4	5	5	4	4	4
58	서울 노원구	노원탄소중립지원센터	11	200,000	8	8	7	4	7	1	3	1	1	2	3	1	3
59	서울 노원구	주민자치지원단 운영	11	271,705	4	4	2	2	2	1	1	1	3	2	3	3	1
60	서울 노원구	사회적경제지원센터 운영	3	383,953	4	4	6	2	1	1	1	1	3	1	1	3	1
61	서울 노원구	노원노동복지센터 운영	11	383,953	4	4	1	2	1	1	1	1	3	2	1	2	4
62	서울 노원구	노원과학영재교육원 운영	11	127,369	1	1	7	8	2	3	3	1	1	1	3	4	4
63	서울 노원구	정신건강복지센터 운영	11	1,660,252	4	2	1	3	1	3	3	3	3	2	3	4	4
64	서울 노원구	치매안심센터 운영	11	1,594,308	4	2	6	3	7	3	3	1	3	2	3	4	4
65	서울 노원구	중독관리통합지원센터 운영	11	493,112	4	2	6	3	7	3	3	1	3	2	3	4	4
66	서울 은평구	지역자활센터운영	10	558,911	5	1	6	1	7	1	1	1	2	4	3	1	3
67	서울 마포구	사회적경제 통합지원센터 운영	3	250,000	4	4	6	3	6	1	1	1	3	2	3	3	1
68	서울 마포구	서울청년센터 마포	9	482,410	4	4	6	6	6	1	1	1	1	2	3	3	1
69	서울 양천구	양천창업지원센터 운영	5	350,000	4	4	2	3	1	1	1	1	3	1	1	1	1
70	서울 양천구	지역자활센터운영	10	479,035	4	1	4	2	6	1	1	1	2	4	3	3	3
71	서울 구로구	사회적경제 통합지원센터 운영	3	224,000	4	4	2	2	6	1	3	4	5	5	4	4	4
72	서울 구로구	구로청년공간 청년이룸 운영	9	610,000	4	4	1	3	1	1	3	1	3	1	3	3	3
73	서울 구로구	중장년일드림센터 운영	11	280,000	4	4	1	2	1	1	3	3	5	5	4	4	4
74	서울 영등포구	서울청년센터 영등포 운영	9	275,000	4	5	1	2	1	1	1	2	5	5	4	4	4
75	서울 관악구	시설관리공단 운영 지원 및 관리	11	12,516	9	5	7	8	7	1	1	1	1	1	1,3	1	2,3
76	서울 관악구	사회적경제통합지원센터 운영	3	205,000	4	4	1	2	1	1	1	1	3	3	2	3	1
77	서울 관악구	직업교육훈련 아카데미 운영	11	80,000	1	4	7	8	7	5	5	4	5	5	4	4	4
78	서울 관악구	관악S밸리 창업공간 운영	5	966,964	4	6	2	6	6	1	3	1	3	3	2	4	4
79	서울 관악구	노동복지센터 운영	11	342,260	4	4	4	3	1	1	1	1	3	3	2	4	4
80	서울 관악구	우편모아시스템 운영	11	5,600	8	5	7	1	7	1	1	2	5	5	4	4	4
81	서울 관악구	지역사회보장협의체 운영	11	13,000	1	1	7	8	7	1	1	4	5	5	4	4	4
82	서울 관악구	지역사회보장협의체 운영	11	46,818	1	1	7	8	7	1	1	4	5	5	4	4	4
83	서울 관악구	1인가구지원센터운영	11	160,700	6	4	7	1	7	5	5	4	5	5	4	4	4
84	서울 관악구	보훈회관 운영	11	25,108	9	5	5	3	7	1	1	1	1	1	1,3	1	2,3
85	서울 관악구	장애인편의증진기술지원센터운영	11	146,268	2	7	7	8	7	3	1	1	1	1	4	4	4
86	서울 관악구	편의시설 전문 모니터링단 운영	11	31,678	2	7	7	8	7	3	1	1	1	1	4	4	4
87	서울 관악구	장애인복지관 운영	11	1,815,000	5	1	5	5	7	1	1	1	5	5	4	4	4
88	서울 관악구	장애인복지관 운영	11	2,244,000	5	1	5	5	7	1	1	1	5	5	4	4	4
89	서울 관악구	노인교실 운영	11	32,000	5	1	7	8	7	1	1	4	5	5	4	4	4
90	서울 관악구	관악가족행복센터 운영	11	24,178	9	4	7	8	7	1	1	4	5	5	4	4	4
91	서울 관악구	어린이놀이시설(키즈카페) 설치 및 운영	11	25,402	4	4	7	8	7	1	1	3	5	5	4	4	4
92	서울 관악구	어린이놀이시설(키즈카페) 설치 및 운영	11	85,212	6	4	7	8	7	1	1	3	5	5	4	4	4
93	서울 관악구	육아 지원 코디네이터 운영	11	41,080	5	6	1	8	1	3	1	4	5	5	4	4	4
94	서울 관악구	공동(열린)육아방 조성 및 운영	11	132,768	6	4	7	8	7	2	1	4	5	5	4	4	4

순번	시군구	지출명 (사업명)	중간지원조직 위탁형태 1. 도시재생지원센터 2. 마을만들기센터 (농촌활성화센터 등) 3. 사회적경제지원센터 4. 주민자치센터 5. 창업지원센터 6. NPO지원센터 7. 협동조합지원센터 8. 혁신센터 9. 청년센터 10. 지역자활센터	2025년예산 (단위:천원/1년간)	민간이전 분류 (지방자치단체 세출예산 집행기준에 의거) 1. 민간경상사업보조(307-02) 2. 민간단체 법정운영비보조(307-03) 3. 민간행사사업보조(307-04) 4. 민간위탁금(307-05) 5. 사회복지시설 법정운영비보조(307-10) 6. 사회복지사업보조(307-11) 7. 민간인위탁교육비(307-12) 8. 공기관등에대한경상적위탁사업비(308-13) 9. 공사공단 경상전출금(309-01)	민간이전지출 근거 (지방보조금 관리기준 참고) 1. 법률에 규정 2. 국고보조 재원(국가지정) 3. 용도 지정 기부금 4. 조례에 직접규정 5. 지자체가 권장하는 사업을 하는 공공기관 6. 시,도 정책 및 재정사정 7. 기타 8. 해당없음	입찰방식: 계약체결방법 (경쟁형태) 1. 일반경쟁 2. 제한경쟁 3. 지명경쟁 4. 수의계약 5. 법정위탁 6. 기타 ( ) 7. 해당없음	입찰방식: 계약기간 1. 1년 2. 2년 3. 3년 4. 4년 5. 5년 6. 기타 ( )년 7. 단기계약 (1년미만) 8. 해당없음	입찰방식: 낙찰자선정방법 1. 적격심사 2. 협상에의한계약 3. 최저가낙찰제 4. 규격가격분리 5. 2단계 경쟁입찰 6. 기타 ( ) 7. 해당없음	운영예산 산정: 운영비산정 1. 내부산정 (지자체 자체적으로 산정) 2. 외부산정 (외부전문기관위탁 산정) 3. 내·외부 모두 산정 4. 산정 無 5. 해당없음	운영예산 산정: 정산방법 1. 내부정산 (지자체 내부적으로 정산) 2. 외부정산 (외부전문기관위탁 정산) 3. 내·외부 모두 산정 4. 정산 無 5. 해당없음	성과평가: 성과평가 실시여부 1. 실시 2. 미실시 3. 향후 추진 4. 해당없음	성과평가: 성과평가 주기 1. 매년 2. 격년 3. 기간만료전 4. 기타 ( ) 5. 해당없음	성과평가: 성과평가 실시 방법 1. 자체 실시 2. 평가단 구성 후 실시 (전문위원 섭외) 3. 전문 평가기관 의뢰 4. 기타 ( ) 5. 해당없음	성과평가: 평가기준 적용방법 1. 관련 조례 적용 2. 전문 평가기관 의뢰 3. 기타 ( ) 4. 해당없음	평가결과 적용: 실제 인센티브 및 페널티 적용여부 1. 매년 적용 2. 적용 안함 3. 기타 ( ) 4. 해당없음	평가결과 적용: 인센티브 및 페널티 적용근거 1. 조례 2. 계약서 3. 기타 ( ) 4. 해당없음
95	서울 관악구	건강가정지원센터 운영	11	360,032	5	2	5	5	1	3	3	1	3	2	1	4	4
96	서울 관악구	건강가정지원센터 운영	11	52,861	6	2	5	5	1	3	3	1	3	2	1	4	4
97	서울 관악구	다문화가족지원센터 운영	11	589,536	5	2	5	5	1	3	3	1	3	2	1	4	4
98	서울 관악구	다문화가족 특성화사업 운영	11	121,017	6	2	5	5	1	3	3	1	3	2	1	4	4
99	서울 관악구	공동육아나눔터 운영	11	177,965	6	2	5	5	1	3	3	1	3	2	1	4	4
100	서울 관악구	관악형 육아센터 아이랑 운영	11	60,000	4	7	5	5	1	3	3	1	3	2	1	4	4
101	서울 관악구	관악청년청 운영	9	757,161	4	4	1	2	1	3	3	1	1	3	2	1	1
102	서울 관악구	신림동쓰리룸 운영	9	554,886	4	6	1	3	1	1	1	1	1	2	1	2	2
103	서울 관악구	창의예술분야 영재교육원 운영	11	85,000	1	1	7	8	7	1	1	4	5	5	4	4	4
104	서울 관악구	진로직업체험지원센터 운영	11	412,000	4	4	2	3	2	3	1	1	1	1	4	1	1
105	서울 관악구	자치회관작은도서관운영	11	279,276	4	1	4	3	6	1	1	4	4	4	4	4	4
106	서울 관악구	자전거종합센터운영	11	96,075	4	4	4	3	2	1	1	1	1	1	3	1	2
107	서울 관악구	자전거교육장 운영	11	12,000	4	4	4	3	2	1	1	1	1	1	3	1	2
108	서울 관악구	어린이급식관리지원센터 운영	11	630,000	4	1	1	2	1	3	3	1	1	1	1	4	4
109	서울 송파구	송파 ICT청년창업지원센터 운영	5	253,453	4	1	1	6	1	3	3	1	3	1	1	4	4
110	부산광역시	창업공간100운영	5	190,000	8	5	5	5	7	1	3	1	1	3	2	1	1
111	부산광역시	국제금융기구 진출 아카데미 운영	11	7,000	8	7	7	3	7	1	1	1	3	1	1	1	1
112	부산광역시	인구영향평가센터 운영	11	112,000	8	4	4	5	7	1	1	1	1	1	4	4	4
113	부산광역시	부산빅데이터혁신센터 운영	8	1,769,000	8	4	1,7	1,7	2,7	5	2	4	5	5	1	4	4
114	부산광역시	부산 가명정보 활용지원센터 운영	11	300,000	8	4	7	1,7	7	5	5	4	5	5	4	4	4
115	부산광역시	부산 일자리정보망 운영	11	440,000	8	4	7	5	7	1	1	3	3	2	1	3	1
116	부산광역시	찾아가는 일자리 이음 버스 운영 사업	11	173,000	8	4	7	3	7	1	1	3	3	2	1	3	1
117	부산광역시	일자리종합센터 운영	11	690,000	8	4	7	5	7	1	1	1	3	2	1	3	1
118	부산광역시	일일취업안내소 운영	11	200,000	4	4	7	3	7	1	1	3	3	2	1	3	1
119	부산광역시	노동권익센터 운영	11	1,600,000	4	4	1	3	1	1	1	1	3	3	2	3	2
120	부산광역시	이동(플랫폼)노동자 지원센터 운영	11	812,000	4	1,4	2	3	2	1	1	1	3	2	1	3	1
121	부산광역시	노동자종합복지관 관리운영	11	1,769,000	4	1	2	3	2	1	1	1	3	2	1	3	1
122	부산광역시	소상공인종합지원센터 운영	11	530,000	8	6	6	3	6	1	1	1	3	2	1	1	1
123	부산광역시	소상공인 디지털커머스 전문기관 운영	11	400,000	1	2	7	8	7	3	3	4	5	5	4	4	4
124	부산광역시	사회적경제지원센터 운영	3	600,000	8	4	5	3	6	1	1	1	3	2	1	1	1
125	부산광역시	부산원스톱기업지원센터 운영	11	80,000	8	5	7	1	7	1	1	4	4	4	4	4	4
126	부산광역시	가상증강현실 융복합센터 운영	11	400,000	8	2	7	8	7	1	3	1	1	1	4	2	4
127	부산광역시	메타버스 지원센터 운영 사업	11	556,000	8	2	7	8	7	5	3	1	1	2	2	1	4
128	부산광역시	양자과학기술센터 설립 및 운영	11	400,000	8	5	7	8	7	5	5	4	5	5	4	4	4
129	부산광역시	현장중심 고령친화용품 홍보체험관 운영	11	100,000	8	5	6	3	6	1	3	1	1	1	1	1	1
130	부산광역시	생활체육교실 운영	11	150,000	1	7	7	8	7	1	1	1	1	2	1	1	1
131	부산광역시	전국장애인해양레포츠캠프 운영	11	20,000	1	2	7	8	7	1	1	4	5	5	4	4	4
132	부산광역시	장애인체력인증센터 운영	11	60,000	1	2	7	8	7	1	1	4	5	5	4	4	4
133	부산광역시	관광모니터링점검단 운영	11	145,000	4	4	6	3	1	1	1	1	1	1	3	1	3
134	부산광역시	부산관광 데이터랩 운영	11	900,000	8	2	7	8	7	1	3	4	5	5	4	4	4
135	부산광역시	해외 네트워크 마케팅 오피스 운영	11	380,000	8	5	7	3	7	1	1	3	5	5	4	4	4
136	부산광역시	해양레포츠 관광프로그램 운영	11	180,000	8	6	7	8	7	1	1	1	3	1	1	4	4
137	부산광역시	누리마루 APEC 하우스 위탁운영	11	1,023,000	8	4	5	7	1	1	1	1	1	1	4	1	4
138	부산광역시	부산 마이스안내소 운영	11	170,000	8	4	4	3	7	1	1	4	5	5	4	4	4
139	부산광역시	장애인 치료지원센터 운영	11	218,802	8	6	7	8	8	1	1	2	5	5	5	4	5
140	부산광역시	부산장애인일자리통합지원센터 운영	11	410,000	4	4	4	3	6	1	1	1	3	3	1	3	1
141	부산광역시	장애인보조기기 광역센터 운영	11	309,750	6	6	7	8	7	1	1	1	1	1	1	1	1
142	부산광역시	지역발달장애인지원센터 운영	11	616,000	8	1	5	3	7	5	3	1	3	2	1	1	1
143	부산광역시	장애인등 편의시설 지원센터 운영	11	510,000	6	1	7	7	7	1	1	1	1	2	1	1	1

순번	시군구	지출명 (사업명)	중간지원조직 위탁형태 1. 도시재생지원센터 2. 마을만들기센터 (농촌활성화센터 등) 3. 사회적경제지원센터 4. 주민자치센터 5. 창업지원센터 6. NPO지원센터 7. 협동조합지원센터 8. 혁신센터 9. 청년센터 10. 지역자활센터	2025년예산 (단위:천원/1년간)	민간이전 분류 (지방자치단체 세출예산 집행기준에 의거) 1. 민간경상사업보조(307-02) 2. 민간단체 법정운영비보조(307-03) 3. 민간행사사업보조(307-04) 4. 민간위탁금(307-05) 5. 사회복지시설 법정운영비보조(307-10) 6. 사회복지사업보조(307-11) 7. 민간인위탁교육비(307-12) 8. 공기관등에대한경상적위탁사업비(308-13) 9. 공사공단 경상전출금(309-01)	민간이전지출 근거 (지방보조금 관리기준 참고) 1. 법률에 규정 2. 국고보조 재원(국가지정) 3. 용도 지정 기부금 4. 조례에 직접규정 5. 지자체가 권장하는 사업을 하는 공공기관 6. 시,도 정책 및 재정사정 7. 기타 8. 해당없음	입찰방식 계약체결방법 (경쟁형태) 1. 일반경쟁 2. 제한경쟁 3. 지명경쟁 4. 수의계약 5. 법정위탁 6. 기타 () 7. 해당없음	입찰방식 계약기간 1. 1년 2. 2년 3. 3년 4. 4년 5. 5년 6. 기타 ()년 7. 단기계약 (1년미만) 8. 해당없음	입찰방식 낙찰자선정방법 1. 적격심사 2. 협상에의한계약 3. 최저가낙찰제 4. 규격가격분리 5. 2단계 경쟁입찰 6. 기타 () 7. 해당없음	운영예산 산정 운영비산정 1. 내부산정 (지자체 자체적으로 산정) 2. 외부산정 (외부전문기관위탁 산정) 3. 내·외부 모두 산정 4. 산정 無 5. 해당없음	운영예산 산정 정산방법 1. 내부정산 (지자체 내부적으로 정산) 2. 외부정산 (외부전문기관위탁 정산) 3. 내·외부 모두 산정 4. 정산 無 5. 해당없음	성과평가 성과평가 실시여부 1. 실시 2. 미실시 3. 향후 추진 4. 해당없음	성과평가 성과평가 주기 1. 매년 2. 격년 3. 기간만료전 4. 기타 () 5. 해당없음	성과평가 성과평가 실시 방법 1. 자체 실시 2. 평가단 구성 후 실시 (전문위원 섭외) 3. 전문 평가기관 의뢰 4. 기타 () 5. 해당없음	성과평가 평가기준 적용방법 1. 관련 조례 적용 2. 전문 평가기관 의뢰 3. 기타 () 4. 해당없음	평가결과 적용 실제 인센티브 및 페널티 적용여부 1. 매년 적용 2. 적용 안함 3. 기타 ( ) 4. 해당없음	평가결과 적용 인센티브 및 페널티 적용근거 1. 조례 2. 계약서 3. 기타 ( ) 4. 해당없음
144	부산광역시	지적장애인자립지원센터 운영	11	96,000	6	8	7	8	7	1	1	1	1	1	1	1	1
145	부산광역시	장애인가족지원센터 운영	11	252,000	4	4	1	3	1	1	1	1	4	2	1	3	1
146	부산광역시	응급안전안심서비스 거점센터 운영	11	32,228	4	2	1	5	1	1	1	1	3	2	4	3	2
147	부산광역시	독거노인종합지원센터 운영	11	280,000	4	4	1	5	1	1	1	1	3	2	4	3	2
148	부산광역시	장노년일자리지원센터 운영	11	940,000	4	4	2	5	1	1	1	3	3	2	1	1	1
149	부산광역시	노인복지용구 종합센터 운영	11	280,000	4	6	5	5	1	1	1	1	3	2	1	3	1
150	부산광역시	건강도시지원단 운영	11	300,000	4	4	1	2	1	1	1	1	3	1	1	3	1
151	부산광역시	통합건강증진사업 지원단 운영	11	112,000	4	2	2	3	1	1	1	1	3	1	1	3	1
152	부산광역시	비만예방 관리사업 운영	11	20,000	4	6	2	3	1	1	1	1	3	1	1	3	1
153	부산광역시	심뇌혈관질환예방관리사업 지원단 운영	11	69,412	4	4	2	3	1	1	2	1	3	1	1	3	1
154	부산광역시	지역암센터관리운영	11	200,000	8	2	1	5	6	1	1	4	5	5	4	4	4
155	부산광역시	지역장애인보건의료센터 운영	11	555,996	1	2	1	3	1	1	1	2	1	4	3	4	4
156	부산광역시	부산광역시 장애인치과센터 운영	11	334,200	7	5	4	3	7	1	1	4	3	1,2	3	3	3
157	부산광역시	기증제대혈은행 운영	11	80,000	1	1	7	8	7	1	1	1	1	2	1	1	1
158	부산광역시	모자건강증진사업 운영	11	250,000	4	4	1	1	1	1	1	1	3	1,2	3	3	3
159	부산광역시	정신건강복지사업지원단 운영	11	25,000	4	6	2	3	1	1	1	3	3	1,2	3	3	3
160	부산광역시	부산중독관리통합지원센터 운영	11	170,990	8	2	2	3	1	1	1	3	3	1,2	3	3	3
161	부산광역시	광역자살예방센터 추진 운영	11	240,000	4	6	2	3	1	1	1	3	3	1,2	3	3	3
162	부산광역시	광역정신건강복지센터 운영	11	284,256	4	2	2	3	1	1	1	3	3	1,2	3	3	3
163	부산광역시	광역정신건강복지센터 사업	11	751,512	4	2	2	3	1	1	1	3	3	1,2	3	3	3
164	부산광역시	부산중독관리통합지원센터 사업	11	348,000	8	2	2	3	1	1	1	3	3	1,2	3	3	3
165	부산광역시	어린이급식관리지원센터 운영	11	6,735,000	4	2	1	6	1	5	2	1	1	1	1	2	4
166	부산광역시	사회복지급식관리지원센터 운영	11	300,000	4	2	1	6	1	5	1	1	1	1	1	2	4
167	부산광역시	주요 감염병 표본감시 체계 운영	11	63,240	1	2	6	8	7	5	1	1	1	1	3	4	4
168	부산광역시	여성인력개발센터 운영(지정)	11	623,400	2	1	6	8	7	1	1	1	4	3	2	2	4
169	부산광역시	여성인력개발센터 운영(위탁)	11	623,400	4	4	1	3	1	1	1	1	3	2,3	1	3	3
170	부산광역시	새일센터 지정운영(직접)	11	3,855,129	1	1	7	8	7	5	1	4	5	5	4	4	4
171	부산광역시	일·생활 균형 지원센터 운영	11	330,000	8	4	6	5	6	1	1	1	3	1	1	3	1
172	부산광역시	여성긴급전화1366센터 운영	11	750,712	8	1,2	7	8	7	1	1	4	5	5	4	4	4
173	부산광역시	여성긴급전화1366센터 운영(자체)	11	14,000	8	1,2	7	8	7	1	1	4	5	5	4	4	4
174	부산광역시	지역 폭력예방교육 지원기관 운영	11	88,688	8	1,2	7	8	7	1	1	4	5	5	4	4	4
175	부산광역시	여성폭력방지종합지원센터 운영	11	1,162,710	8	4	7	8	7	1	1	4	5	5	4	4	4
176	부산광역시	스토킹 피해자 임대주택 주거지원 운영	11	49,360	8	1,2	7	8	7	1	1	4	5	5	4	4	4
177	부산광역시	기념조형물 지킴이단 운영	11	8,000	1	1,4	7	8	7	1	1	1	5	5	1	1	1
178	부산광역시	청소년쉼터 자립지원관 운영	11	3,095,277	4	2	1	5	7	1	1	1	3	1,2	3	3	2
179	부산광역시	학교 밖 청소년 지원센터 운영	11	375,087	4	1	1	3	7	1	1	1	3	1,3	3	3	2
180	부산광역시	청소년성문화센터 운영	11	855,960	4	1	1	3	7	1	1	1	3	1,4	3	3	2
181	부산광역시	청소년상담복지센터 운영	11	1,607,773	4	2	1	3	7	1	1	1	3	1,5	3	3	2
182	부산광역시	가정위탁지원 운영	11	670,346	4	1	1	5	2	1	1	1	3	2	1	4	4
183	부산광역시	아동보호전문기관운영	11	3,135,224	4	1	1	5	2	1	1	1	3	1,2	3	3	3
184	부산광역시	부산광역시지원봉사센터 위탁운영	11	1,400,000	4	1	7	8	7	1	3	1	3	2	1	4	4
185	부산광역시	조선해양복합센터 관리위탁 운영	1	270,000	8	1	5	1	7	1	1	4	5	5	4	4	4
186	부산광역시	부산시 주거복지센터 운영	11	560,000	8	1,4	7	8	7	1	1	4	5	5	4	4	4
187	부산광역시	지역특화형 환경교육 프로그램 운영	11	100,000	7	4	6	7	6	1	1	3	1	1	1	1	1
188	부산광역시	권역형 환경보건센터 운영	11	561,272	1	1	5	5	1	3	2	1	5	5	5	4	4
189	부산광역시	시민참여 나눔장터 행사 운영	11	50,000	3	1	7	8	7	1	1	1	1	1	3	1	3
190	부산광역시	음식물쓰레기줄이기실천컨설팅운영	11	20,000	1	1	7	8	7	1	1	1	1	1	3	1	3
191	부산광역시	자원순환협력센터 위탁운영	11	756,000	9	4	4	3	7	1	1	3	3	2	3	3	3
192	부산광역시	충렬사안락서원교육회관 운영	11	538,000	4	4	1	5	1	1	1	1	3	1	1	3	1

순번	시군구	지출명 (사업명)	중간지원조직 위탁형태 1. 도시재생지원센터 2. 마을만들기센터 (농촌활성화센터 등) 3. 사회적경제지원센터 4. 주민자치센터 5. 창업지원센터 6. NPO지원센터 7. 협동조합지원센터 8. 혁신센터 9. 청년센터 10. 지역자활센터	2025년예산 (단위:천원/1년간)	민간이전 분류 (지방자치단체 세출예산 집행기준에 의거) 1. 민간경상사업보조(307-02) 2. 민간단체 법정운영비보조(307-03) 3. 민간행사사업보조(307-04) 4. 민간위탁금(307-05) 5. 사회복지시설 법정운영비보조(307-10) 6. 사회복지사업보조(307-11) 7. 민간인위탁교육비(307-12) 8. 공기관등에대한경상적위탁사업비(308-13) 9. 공사공단 경상전출금(309-01)	민간이전지출 근거 (지방보조금 관리기준 참고) 1. 법률에 규정 2. 국고보조 재원(국가지정) 3. 용도 지정 기부금 4. 조례에 직접규정 5. 지자체가 권장하는 사업을 하는 공공기관 6. 시,도 정책 및 재정사정 7. 기타 8. 해당없음	입찰방식 계약체결방법 (경쟁형태) 1. 일반경쟁 2. 제한경쟁 3. 지명경쟁 4. 수의계약 5. 법정위탁 6. 기타 ( ) 7. 해당없음	입찰방식 계약기간 1. 1년 2. 2년 3. 3년 4. 4년 5. 5년 6. 기타 ( )년 7. 단기계약 (1년미만) 8. 해당없음	입찰방식 낙찰자선정방법 1. 적격심사 2. 협상에의한계약 3. 최저가낙찰제 4. 규격가격분리 5. 2단계 경쟁입찰 6. 기타 ( ) 7. 해당없음	운영예산 산정 운영비산정 1. 내부산정 (지자체 자체적으로 산정) 2. 외부산정 (외부전문기관위탁 산정) 3. 내·외부 모두 산정 4. 산정 無 5. 해당없음	운영예산 산정 정산방법 1. 내부정산 (지자체 내부적으로 정산) 2. 외부정산 (외부전문기관위탁 정산) 3. 내·외부 모두 산정 4. 정산 無 5. 해당없음	성과평가 성과평가 실시여부 1. 실시 2. 미실시 3. 향후 추진 4. 해당없음	성과평가 성과평가 주기 1. 매년 2. 격년 3. 기간만료전 4. 기타 ( ) 5. 해당없음	성과평가 성과평가 실시 방법 1. 자체 실시 2. 평가단 구성 후 실시 (전문위원 섭외) 3. 전문 평가기관 의뢰 4. 기타 ( ) 5. 해당없음	성과평가 평가기준 적용방법 1. 관련 조례 적용 2. 전문 평가기관 의뢰 3. 기타 ( ) 4. 해당없음	평가결과 적용 실제 인센티브 및 페널티 적용여부 1. 매년 적용 2. 적용 안함 3. 기타 ( ) 4. 해당없음	평가결과 적용 인센티브 및 페널티 적용근거 1. 조례 2. 계약서 3. 기타 ( ) 4. 해당없음
193	부산 서구	직장 어린이집 지원	11	228,000	4	1	5	1	7	2	1	4	5	5	4	4	4
194	부산 서구	자원봉사센터 운영 지원	11	78,871	4	1	7	3	6	1	1	4	5	5	4	4	4
195	부산 서구	이태석신부기념관 운영	11	150,354	4	4	1	5	1	1	1	4	5	5	4	4	4
196	부산 서구	생활체육교실 운영	11	16,667	1	1	7	8	7	1	1	4	4	5	4	4	4
197	부산 서구	어린이체능교실 운영	11	3,000	1	1	7	8	7	1	1	4	4	5	4	4	4
198	부산 서구	청소년체련교실 운영	11	2,860	1	1	7	8	7	1	1	4	4	5	4	4	4
199	부산 서구	장수체육대학 운영	11	3,060	1	1	7	8	7	1	1	4	4	5	4	4	4
200	부산 서구	송도마린아카데미 운영(2단계 시도 전환사업)	11	92,000	1	6	7	8	7	5	5	3	5	5	4	4	4
201	부산 서구	청소년수련시설 운영	11	450,712	4	4	6	5	1	1	1	4	5	5	4	4	4
202	부산 서구	유아숲교육 운영	11	58,668	4	4	1	2	1	1	1	4	5	5	4	4	4
203	부산 서구	유아숲체험원 운영(1단계 시도 전환사업)	11	79,428	4	4	1	2	1	1	1	4	5	5	4	4	4
204	부산 서구	진로교육지원센터 운영	11	260,000	4	4	6	6	6	5	1	1	1	4	4	4	4
205	부산 서구	지방행정통합정보시스템 상담센터 운영 (개발원위탁)	11	7,000	8	1	6	1	7	2	2	4	5	5	4	4	4
206	부산 서구	지역사회보장협의체 사무국 운영	11	12,000	1	1	7	7	7	1	1	4	5	5	4	4	4
207	부산 서구	지역사회보장협의체 사무국 운영	11	52,840	2	1	7	7	7	1	1	4	5	5	4	4	4
208	부산 서구	시니어클럽 운영	11	403,602	4	1	5	5	7	1	1	1	1	1	3	4	4
209	부산 서구	육아종합지원센터 운영	11	135,000	4	1	7	5	7	1	1	1	1	1	4	1	3
210	부산 서구	기초 정신건강복지센터운영	11	51,100	4	1	2	3	1	1	1	1	1	1	1	4	4
211	부산 동구	지방청소년활동진흥센터	11	639,730	4	1	1	3	7	1	1	1	3	2	3	4	4
212	부산 동구	청소년 상상티움 운영	11	20,000	4	1	1	3	7	1	1	1	1	1	4	4	4
213	부산 부산진구	아동자립지원 전담기관운영	11	574,493	4	4	1	3	2	1	1	1	3	2	1	4	4
214	부산 부산진구	구청어린이집 위탁운영	11	343,520	4	1	1	3	1	1	1	4	5	5	4	4	4
215	부산 부산진구	부산진구 자원봉사센터 운영	11	402,218	4	1	7	8	7	1	1	4	5	5	4	4	4
216	부산 동래구	동래구진로교육지원센터 운영	11	300,000	4	4	5	3	6	5	1	3	3	1	3	3	1
217	부산 남구	다함께 돌봄센터 운영	11	14,400	4	2	1	8	1	1	1	1	5	5	4	4	4
218	부산 남구	지역자활센터 운영	10	447,007	5	1	7	8	7	5	5	4	5	5	4	4	4
219	부산 북구	청소년수련시설 프로그램 운영	11	25,000	6	1	2	5	1	1	1	1	1	1	1	1	1
220	부산 북구	육아종합지원센터 운영	11	601,250	4	1	5	5	1	1	1	4	5	5	4	4	4
221	부산 사하구	육아종합지원센터 운영	11	680,000	4	1	7	8	7	5	5	4	5	5	4	4	4
222	부산 수영구	생활체육교실 운영	11	16,666	1	1	7	8	7	1	1	4	5	5	4	4	4
223	부산 수영구	어린이 체능교실	11	3,000	1	1	7	8	7	1	1	4	5	5	4	4	4
224	부산 수영구	청소년 체련교실	11	2,860	1	1	7	8	7	1	1	4	5	5	4	4	4
225	부산 수영구	전일제 생활체육지도자 배치운영(4명)	11	125,136	1	1	7	8	7	1	1	4	5	5	4	4	4
226	부산 수영구	어르신 생활체육지도자 배치운영(3명)	11	93,852	1	1	7	8	7	1	1	4	5	5	4	4	4
227	부산 수영구	광안리 SUP 어린이 꿈나무 교실	11	90,000	3	1,4	7	8	7	5	5	1	1	1	4	4	4
228	부산 수영구	광안리 SUP 체험교실	11	57,000	1	1,4	7	8	7	5	5	1	1	1	4	4	4
229	부산 수영구	시니어클럽 운영(보조사업)	11	57,466	5	1,4	2	5	1	1	1	1	3	1	1	4	4
230	부산 수영구	시니어클럽 운영(보조사업)	11	313,948	5	1,4	2	5	1	1	1	1	3	1	1	4	4
231	부산 수영구	시니어클럽 운영(보조사업)	11	700	5	1,4	2	5	1	1	1	1	3	1	1	4	4
232	부산 수영구	시니어클럽 운영(보조사업)	11	7,362	5	1,4	2	5	1	1	1	1	3	1	1	4	4
233	부산 수영구	장애인직업재활시설 운영(보조사업)	11	571,217	5	1	7	8	7	5	1	2	5	5	4	4	1
234	부산 수영구	장애인직업재활시설 운영(보조사업)	11	36,199	5	1	7	8	7	5	1	2	5	5	4	4	1
235	부산 수영구	장애인직업재활시설 운영(보조사업)	11	28,080	5	1	7	8	7	5	1	2	5	5	4	4	1
236	부산 수영구	장애인직업재활시설 운영(보조사업)	11	1,000	5	1	7	8	7	5	1	2	5	5	4	4	1
237	부산 수영구	수영구 장애인복지관 운영(보조사업)	11	950,266	5	4	7	5	6	5	1	2	5	5	4	4	1
238	부산 수영구	수영구 장애인복지관 운영(보조사업)	11	90,533	5	4	7	5	6	5	1	2	5	5	4	4	1
239	부산 수영구	수영구 장애인복지관 운영(보조사업)	11	26,460	5	4	7	5	6	5	1	2	5	5	4	4	1
240	부산 수영구	수영구 장애인복지관 운영(보조사업)	11	2,100	5	4	7	5	6	5	1	2	5	5	4	4	1
241	부산 수영구	수영구 장애인복지관 운영(보조사업)	11	24,540	5	4	7	5	6	5	1	2	5	5	4	4	1

순번	시군구	지출명 (사업명)	중간지원조직 위탁형태 1. 도시재생지원센터 2. 마을만들기센터 (농촌활성화센터 등) 3. 사회적경제지원센터 4. 주민자치센터 5. 창업지원센터 6. NPO지원센터 7. 협동조합지원센터 8. 혁신센터 9. 청년센터 10. 지역자활센터	2025년예산 (단위:천원/1년간)	민간이전 분류 (지방자치단체 세출예산 집행기준에 의거) 1. 민간경상사업보조(307-02) 2. 민간단체 법정운영비보조(307-03) 3. 민간행사사업보조(307-04) 4. 민간위탁금(307-05) 5. 사회복지시설 법정운영비보조(307-10) 6. 사회복지사업보조(307-11) 7. 민간인위탁교육비(307-12) 8. 공기관등에대한경상적위탁사업비(308-13) 9. 공사공단 경상전출금(309-01)	민간이전지출 근거 (지방보조금 관리기준 참고) 1. 법률에 규정 2. 국고보조 재원(국가지정) 3. 용도 지정 기부금 4. 조례에 직접규정 5. 지자체가 권장하는 사업을 하는 공공기관 6. 시,도 정책 및 재정사정 7. 기타 8. 해당없음	입찰방식			운영예산 산정		성과평가				평가결과 적용	
							계약체결방법 (경쟁형태) 1. 일반경쟁 2. 제한경쟁 3. 지명경쟁 4. 수의계약 5. 법정위탁 6. 기타 ( ) 7. 해당없음	계약기간 1. 1년 2. 2년 3. 3년 4. 4년 5. 5년 6. 기타 ( )년 7. 단기계약 (1년미만) 8. 해당없음	낙찰자선정방법 1. 적격심사 2. 협상에의한계약 3. 최저가낙찰제 4. 규격가격분리 5. 2단계 경쟁입찰 6. 기타 ( ) 7. 해당없음	운영비산정 1. 내부산정 (지자체 자체적으로 산정) 2. 외부산정 (외부전문기관위탁 산정) 3. 내·외부 모두 산정 4. 산정 無 5. 해당없음	정산방법 1. 내부정산 (지자체 내부적으로 정산) 2. 외부정산 (외부전문기관위탁 정산) 3. 내·외부 모두 산정 4. 정산 無 5. 해당없음	성과평가 실시여부 1. 실시 2. 미실시 3. 향후 추진 4. 해당없음	성과평가 주기 1. 매년 2. 격년 3. 기간만료전 4. 기타 ( ) 5. 해당없음	성과평가 실시 방법 1. 자체 실시 2. 평가단 구성 후 실시 (전문위원 섭외) 3. 전문 평가기관 의뢰 4. 기타 ( ) 5. 해당없음	평가기준 적용방법 1. 관련 조례 적용 2. 전문 평가기관 의뢰 3. 기타 ( ) 4. 해당없음	실제 인센티브 및 패널티 적용여부 1. 매년 적용 2. 적용 안함 3. 기타 ( ) 4. 해당없음	인센티브 및 패널티 적용근거 1. 조례 2. 계약서 3. 기타 ( ) 4. 해당없음
242	부산 수영구	수영구 육아친화마을 운영(보조사업)	11	37,000	4	6	7	8	7	5	5	4	5	5	4	4	4
243	부산 수영구	육아종합지원센터 운영(보조사업)	11	1,032,670	4	1	2	5	6	1	1	1	3	1	3	4	4
244	부산 수영구	가족센터운영(보조사업)	11	683,720	4	1	5	5	6	5	1	4	5	5	4	4	4
245	부산 수영구	공동육아나눔터 운영(보조사업)	11	56,712	4	4	5	5	6	5	1	4	5	5	4	4	4
246	부산 수영구	기초 정신건강복지센터 운영(보조사업)	11	51,100	4	1	1	5	1	3	3	1	1	1,4	1,4	2	2
247	부산 사상구	유아숲교육 운영	11	29,334	4	1	2	1	2	5	5	4	5	5	4	4	4
248	부산 사상구	유아숲 산림복지전문업 위탁 운영(전환사업)	11	52,952	4	1	2	1	2	5	5	4	5	5	4	4	4
249	부산 사상구	진로교육지원센터 운영	11	270,000	4	1	6	3	1	1	1	1	3	1	1	2	4
250	부산 사상구	자유학기제 진로체험 운영	11	3,000	1	1	6	3	1	1	1	1	3	1	1	2	4
251	부산 사상구	사상구 국제화센터 운영	11	700,000	4	4	2	3	1	1	2	1	3	1	1	3	2
252	부산 사상구	정신건강복지센터 운영	11	51,100	4	1	2	3	1	5	5	1	1	2	3	1	3
253	부산 사상구	중증정신질환자 집중관리 프로그램 운영	11	6,502	4	1	2	3	1	5	5	1	1	2	3	1	3
254	부산 사상구	중독관리통합지원센터 운영	11	170,988	4	1	2	5	1	5	5	1	1	2	3	1	3
255	부산 기장군	지역자활센터 지원	10	443,371	5	1	7	8	7	5	5	4	5	5	4	4	4
256	부산 기장군	가족센터 운영	11	539,430	5	1	1	5	1	1	1	4	4	5	4	4	4
257	부산 기장군	육아종합지원센터 운영	11	1,068,459	4	4	1	5	1	1	2	3	5	5	4	4	4
258	부산 기장군	정신건강복지센터 운영	11	51,100	4	2	1	3	1	1	1	1	3	1	3	4	4
259	대구광역시	낙동강승전기념관 운영	11	416,493	4	4	1	3	2	1	1	1	3	3	2	3	3
260	대구광역시	시민공익활동지원센터 운영	6	400,000	4	4	1	3	1	1	1	1	3	3	2	3	3
261	대구광역시	대구자원봉사센터 위탁운영	11	670,600	4	1	1	3	1	1	1	1	3	3	2	3	3
262	대구광역시	대구경북항일독립운동 기념탑운영	11	87,136	4	4	1	3	1	1	1	1	3	3	2	3	3
263	대구광역시	대구시노인종합복지관 운영	11	1,333,646	4	4	1	5	1	1	1	1	3	3	2	3	3
264	대구광역시	시립묘지 및 봉안당 운영	11	370,000	4	4	1	3	1	1	1	1	3	3	2	3	3
265	대구광역시	희망드리 보호작업장 운영	11	370,620	4	4	1	5	1	1	1	1	3	3	2	3	3
266	대구광역시	섬들 보호작업장 운영	11	328,245	4	4	1	5	1	1	1	1	3	3	2	3	3
267	대구광역시	대구장애인종합복지관 운영	11	2,445,131	4	4	1	5	1	1	1	1	3	3	2	3	3
268	대구광역시	달구벌종합복지관 운영	11	2,456,811	4	4	1	5	1	1	1	1	3	3	2	3	3
269	대구광역시	대구시각장애인복지관 운영	11	1,485,051	4	4	1	5	1	1	1	1	3	3	2	3	3
270	대구광역시	대구청각언어장애인복지관 운영	11	1,398,423	4	4	1	5	1	1	1	1	3	3	2	3	3
271	대구광역시	달구벌재활스포츠센터 운영	11	1,385,907	4	4	1	5	1	1	1	1	3	3	2	3	3
272	대구광역시	광역치매센터 운영지원	11	624,335	4	1	1	3	1	5	3	1	3	3	2	3	3
273	대구광역시	심뇌혈관질환예방관리사업지원단 운영	11	67,410	4	1	2	3	1	5	3	1	3	3	2	3	3
274	대구광역시	청소년수련원 운영	11	816,800	4	1	1	3	1	1	3	1	3	3	2	3	3
275	대구광역시	청소년창의센터 운영	11	363,400	4	1	1	3	1	1	1	1	3	3	2	3	3
276	대구광역시	대구청소년성문화센터 운영	11	171,192	4	1	1	3	1	1	1	1	3	3	2	3	3
277	대구광역시	대구청소년자립지원관 운영	11	294,992	4	1	1	3	1	1	1	1	3	3	2	3	3
278	대구광역시	자립통합지원센터 운영	11	313,764	4	1	7	3	1	1	1	1	3	3	2	3	3
279	대구광역시	대구어린이세상 운영	11	1,084,000	4	4	1	3	1	2	2	1	3	3	2	3	3
280	대구광역시	대구문학관,이육사기념관 운영	11	650,000	4	4	4	3	1	1	1	1	3	3	2	3	3
281	대구광역시	한국전선문화관 운영	11	220,000	4	4	4	2	1	1	1	1	3	3	2	3	3
282	대구광역시	대구간송미술관 운영	11	4,702,500	4	4	4	3	1	3	3	1	3	3	2	3	3
283	대구광역시	스마트시티 통합운영센터 관리운영	11	619,000	4	1	7	8	7	5	5	4	5	5	4	4	4
284	대구광역시	한방의료체험타운 위탁 운영	11	676,000	4	4	1	3	1	1	1	1	3	3	2	3	3
285	대구광역시	한의약박물관 위탁 운영	11	392,000	4	4	1	3	1	1	1	1	3	3	2	3	3
286	대구광역시	웨딩산업 비즈니스센터 운영(웨딩 의복제조 소공인 집적지구 공동인프라 운영)	11	400,000	4	1	1	3	1	1	1	1	3	3	2	3	3
287	대구광역시	사회적경제지원센터 운영	3	1,024,020	4	4	1	3	1	1	1	1	3	3	2	3	3
288	대구광역시	대구종합유통단지 관리센터 운영 위탁	11	802,750	4	4	2	5	2	1	1	1	3	3	2	3	3
289	대구광역시	DYETEC연구원 운영위탁	11	100,000	4	1	4	3	1	1	1	1	3	3	2	3	3
290	대구광역시	대구텍스타일Complex 운영위탁	11	1,200,000	4	1,4	1	3	1	1	1	1	3	3	2	3	3

순번	시군구	지출명 (사업명)	중간지원조직 위탁형태	2025년예산 (단위:천원/1년간)	민간이전 분류 (지방자치단체 세출예산 집행기준에 의거)	민간이전지출 근거 (지방보조금 관리기준 참고)	입찰방식			운영예산 산정		성과평가				평가결과 적용	
			1. 도시재생지원센터 2. 마을만들기센터 (농촌활성화센터 등) 3. 사회적경제지원센터 4. 주민자치센터 5. 창업지원센터 6. NPO지원센터 7. 협동조합지원센터 8. 혁신센터 9. 청년센터 10. 지역자활센터		1. 민간경상사업보조(307-02) 2. 민간단체 법정운영비보조(307-03) 3. 민간행사사업보조(307-04) 4. 민간위탁금(307-05) 5. 사회복지시설 법정운영비보조(307-10) 6. 사회복지사업보조(307-11) 7. 민간인위탁교육비(307-12) 8. 공기관등에대한경상적위탁사업비(308-13) 9. 공사공단 경상전출금(309-01)	1. 법률에 규정 2. 국고보조 재원(국가지정) 3. 용도 지정 기부금 4. 조례에 직접규정 5. 지자체가 권장하는 사업을 하는 공공기관 6. 시,도 정책 및 재정사정 7. 기타 8. 해당없음	계약체결방법 (경쟁형태) 1. 일반경쟁 2. 제한경쟁 3. 지명경쟁 4. 수의계약 5. 법정위탁 6. 기타 ( ) 7. 해당없음	계약기간 1. 1년 2. 2년 3. 3년 4. 4년 5. 5년 6. 기타 ( )년 7. 단기계약 (1년미만) 8. 해당없음	낙찰자선정방법 1. 적격심사 2. 협상에의한계약 3. 최저가낙찰제 4. 규격가격분리 5. 2단계 경쟁입찰 6. 기타 ( ) 7. 해당없음	운영비산정 1. 내부산정 (지자체 자체적으로 산정) 2. 외부산정 (외부전문기관위탁 산정) 3. 내·외부 모두 산정 4. 산정 無 5. 해당없음	정산방법 1. 내부정산 (지자체 내부적으로 정산) 2. 외부정산 (외부전문기관위탁 정산) 3. 내·외부 모두 산정 4. 정산 無 5. 해당없음	성과평가 실시여부 1. 실시 2. 미실시 3. 향후 추진 4. 해당없음	성과평가 주기 1. 매년 2. 격년 3. 기간만료전 4. 기타 ( ) 5. 해당없음	성과평가 실시 방법 1. 자체 실시 2. 평가단 구성 후 실시 (전문위원 섭외) 3. 전문 평가기관 의뢰 4. 기타 ( ) 5. 해당없음	평가기준 적용방법 1. 관련 조례 적용 2. 전문 평가기관 의뢰 3. 기타 ( ) 4. 해당없음	실제 인센티브 및 페널티 적용여부 1. 매년 적용 2. 적용 안함 3. 기타 ( ) 4. 해당없음	인센티브 및 페널티 적용근거 1. 조례 2. 계약서 3. 기타 ( ) 4. 해당없음
291	대구광역시	한국섬유개발연구원 운영위탁	11	100,000	4	4	1	3	1	1	1	1	3	3	2	3	3
292	대구광역시	안경테표면처리센터 운영위탁사업	11	490,000	4	4	5	3	1	1	1	1	3	3	2	3	3
293	대구광역시	해외사무소 운영	11	435,000	4	7	4	3	7	1	1	1	3	3	2	3	3
294	대구광역시	만촌자전거경기장 위탁운영	11	180,114	4	4	7	3	7	1	1	1	3	3	2	3	3
295	대구광역시	만촌롤러스케이트장 위탁운영(실외포함)	11	106,444	4	4	7	3	7	1	1	1	3	3	2	3	3
296	대구광역시	앞산양궁장 위탁운영	11	49,176	4	4	7	3	7	1	1	1	3	3	2	3	3
297	대구광역시	범어궁도장 위탁운영	11	30,000	4	4	7	3	7	1	1	1	3	3	2	3	3
298	대구광역시	대구스포츠기념관 위탁운영	11	394,000	4	4	7	3	7	1	1	1	3	3	2	3	3
299	대구광역시	연경체육공원 인공암벽장 위탁운영	11	53,240	4	4	7	3	7	1	1	1	3	3	2	3	3
300	대구광역시	대구체육공원 암벽등반장 위탁운영	11	88,232	4	4	7	3	7	1	1	1	3	3	2	3	3
301	대구광역시	체육회관 위탁운영	11	361,541	4	4	7	3	7	1	1	1	3	3	2	3	3
302	대구광역시	장애인 국민체육센터 위탁운영	11	426,672	4	4	7	3	7	1	1	1	3	3	2	3	3
303	대구광역시	성서운동장 위탁운영	11	959,900	4	4	7	3	7	1	1	1	3	3	2	3	3
304	대구광역시	대구스포츠단훈련센터 위탁운영	11	436,500	4	4	7	3	7	1	1	1	3	3	2	3	3
305	대구 중구	중구청라국민체육센터운영	11	120,000	4	4	4	3	1	1	1	1	3	3	2	4	4
306	대구 중구	남산동커뮤니티센터관리운영	2	72,000	4	4	4	2	6	1	1	1	1	1,3	1,2	1	1
307	대구 중구	하누리어울림센터관리운영	2	57,000	4	4	4	2	6	1	1	1	1	1,3	1,2	1	1
308	대구 중구	동인세대공감마당및동인커뮤니티센터관리운영	2	122,000	4	4	4	2	6	1	1	1	1	1,3	1,2	1	1
309	대구 중구	달성토성커뮤니티센터관리운영	2	57,000	4	4	1	2	6	1	1	1	1	1,3	1,2	1	1
310	대구 중구	동산애이음센터및읍성어울마당관리운영	2	85,000	4	4	4	2	6	2	1	1	1	1,3	1,2	1	1
311	대구 중구	2024 중구 도시재생지원센터 관리 운영	1	330,000	4	4	1	2	6	2	1	1	1	1,3	1,2	1	1
312	대구 남구	청년센터 운영	9	300,000	4	4	6	6	6	1	1	3	3	2	3	3	1
313	대구 남구	남구행복플랫폼 운영	11	20,900	4	7	1	2	1	1	1	1	3	1	1	2	4
314	대구 남구	다함께돌봄센터	11	106,180	4	1	7	8	7	5	5	1	1	1	4	4	4
315	대구 남구	정신재활시설 운영	11	975,260	2	1	7	8	7	5	5	4	5	5	4	4	4
316	대구 남구	정신재활시설 운영	11	136,145	2	1	7	8	7	5	5	4	5	5	4	4	4
317	대구 북구	북구도시재생지원센터 운영	1	248,362	4	1, 4	6	3	6	1	1	1	3	1	1	3	1
318	대구 북구	산격3동 도시재생현장지원센터 운영	1	355,941	4	1, 4	6	1	6	1	1	1	3	1	1	3	1
319	대구 북구	복현1동 도시재생현장지원센터 운영	1	329,115	4	1, 4	6	1	6	1	1	1	3	1	1	3	1
320	대구 북구	관음동 도시재생현장지원센터 운영	1	226,899	4	1, 4	6	1	6	1	1	1	3	1	1	3	1
321	대구 북구	지역급식관리지원센터 운영	11	940,000	4	2	1	3	1	1	2	1	1	1	3	3	2
322	대구 북구	가족센터(건강가정·다문화가족 지원센터) 운영	11	439,400	5	2	1	3	2	1	1	4	5	5	4	4	4
323	대구 북구	가족센터(건강가정·다문화가족 지원센터) 운영	11	820,710	6	2	1	3	2	1	1	4	5	5	4	4	4
324	대구 북구	통합 가족센터 운영	11	129,920	4	4	1	3	2	1	1	4	5	5	4	4	4
325	대구 북구	공동육아나눔터 운영	11	170,136	5	2	1	3	2	1	1	4	5	5	4	4	4
326	대구 북구	주민 외국어교육 프로그램 운영	11	50,000	4	7	7	8	7	5	5	4	5	5	4	4	4
327	대구 북구	중등영어캠프 운영	11	15,000	4	7	7	8	7	5	5	4	5	5	4	4	4
328	대구 북구	원어민 화상영어센터 운영	11	301,000	4	7	7	8	7	5	5	4	5	5	4	4	4
329	대구 북구	진로진학지원센터 운영	11	243,400	4	1, 4	7	8	7	5	5	4	5	5	4	4	4
330	대구 북구	청소년체험활동 프로그램운영	11	25,000	8	5	7	8	7	5	5	4	5	5	4	4	4
331	대구 북구	차세대글로벌리더십프로그램운영	11	10,000	1	5	7	8	7	5	5	4	5	5	4	4	4
332	대구 북구	청소년격려선도반운영	11	10,000	1	6	7	8	7	5	5	4	5	5	4	4	4
333	대구 북구	보훈회관 운영위탁	11	205,365	4	1, 3	7	8	7	2	1	3	5	5	4	4	4
334	대구 수성구	일자리센터 운영	11	205,000	4	1,2,3,4	2	2	1	1	1	1	3	1	3	3	2
335	대구 달서구	청년창업지원센터 운영 및 청년센터 운영	9	40,200	4	4	4	6	6	1	1	1	3	2	1	4	4
336	대구 달서구	달서 반려견 놀이터 운영	11	276,447	4	4	6	2	6	1	1	3	5	5	4	4	4
337	대구 달서구	진로진학지원센터 운영	11	300,000	4	4	7	3	7	1	1	1	1	3	2	2	4
338	대구 달서구	달서구자원봉사센터 운영	11	637,078	4	4	6	3	1	1	1	1	3	1	3	4	4
339	대구 달서구	달서주거복지센터 운영	11	226,000	4	4	6	3	1	1	1	1	3	2	3	3	4

순번	시군구	지출명 (사업명)	중간지원조직 위탁형태 1. 도시재생지원센터 2. 마을만들기센터 (농촌활성화센터 등) 3. 사회적경제지원센터 4. 주민자치센터 5. 창업지원센터 6. NPO지원센터 7. 협동조합지원센터 8. 혁신센터 9. 청년센터 10. 지역자활센터	2025년예산 (단위:천원/1년간)	민간이전 분류 (지방자치단체 세출예산 집행기준에 의거) 1. 민간경상사업보조(307-02) 2. 민간단체 법정운영비보조(307-03) 3. 민간행사사업보조(307-04) 4. 민간위탁금(307-05) 5. 사회복지시설 법정운영비보조(307-10) 6. 사회복지사업보조(307-11) 7. 민간인위탁교육비(307-12) 8. 공기관등에대한경상적위탁사업비(308-13) 9. 공사공단 경상전출금(309-01)	민간이전지출 근거 (지방보조금 관리기준 참고) 1. 법률에 규정 2. 국고보조 재원(국가지정) 3. 용도 지정 기부금 4. 조례에 직접규정 5. 지자체가 권장하는 사업을 하는 공공기관 6. 시,도 정책 및 재정사정 7. 기타 8. 해당없음	입찰방식 계약체결방법 (경쟁형태) 1. 일반경쟁 2. 제한경쟁 3. 지명경쟁 4. 수의계약 5. 법정위탁 6. 기타 ( ) 7. 해당없음	입찰방식 계약기간 1. 1년 2. 2년 3. 3년 4. 4년 5. 5년 6. 기타 ( )년 7. 단기계약 (1년미만) 8. 해당없음	입찰방식 낙찰자선정방법 1. 적격심사 2. 협상에의한계약 3. 최저가낙찰제 4. 규격가격분리 5. 2단계 경쟁입찰 6. 기타 ( ) 7. 해당없음	운영예산 산정 운영비산정 1. 내부산정 (지자체 자체적으로 산정) 2. 외부산정 (외부전문기관위탁 산정) 3. 내·외부 모두 산정 4. 산정 無 5. 해당없음	운영예산 산정 정산방법 1. 내부정산 (지자체 내부적으로 정산) 2. 외부정산 (외부전문기관위탁 정산) 3. 내·외부 모두 산정 4. 정산 無 5. 해당없음	성과평가 성과평가 실시여부 1. 실시 2. 미실시 3. 향후 추진 4. 해당없음	성과평가 성과평가 주기 1. 매년 2. 격년 3. 기간만료전 4. 기타 ( ) 5. 해당없음	성과평가 성과평가 실시 방법 1. 자체 실시 2. 평가단 구성 후 실시 (전문위원 섭외) 3. 전문 평가기관 의뢰 4. 기타 ( ) 5. 해당없음	성과평가 평가기준 적용방법 1. 관련 조례 적용 2. 전문 평가기관 의뢰 3. 기타 ( ) 4. 해당없음	평가결과 적용 실제 인센티브 및 페널티 적용여부 1. 매년 적용 2. 적용 안함 3. 기타 ( ) 4. 해당없음	평가결과 적용 인센티브 및 페널티 적용근거 1. 조례 2. 계약서 3. 기타 ( ) 4. 해당없음
340	대구 달서구	청소년상담복지센터 운영	11	695,000	4	2,6	5	3	1	1	2	1	4	4	2	4	4
341	대구 달서구	청소년수련관 운영	11	520,000	4	1,4	5	5	1	1	2	1	2	4	3	4	4
342	대구 달서구	청소년문화의집 운영	11	410,000	4	1,4	5	6	1	1	2	1	2	4	3	4	4
343	대구 달서구	학교 밖 청소년 지원센터 운영	11	237,916	4	2	5	3	1	1	2	1	4	4	2	4	4
344	대구 달서구	청소년쉼터운영	11	446,132	4	4	5	3	1	1	1	1	4	4	4	4	4
345	대구 달서구	도시재생지원센터 운영	1	273,000	1	4	1	2	6	1	1	1	3	2	1	4	4
346	대구 달서구	주소정보관리시스템 운영	11	57,027	8	1	6	1	7	3	1	4	4	4	4	4	4
347	대구 달성군	지역급식관리지원센터 운영	11	735,000	4	1	5	3	1	3	3	1	1	4	1	4	4
348	대구 달성군	달성문화센터 운영	11	1,080,702	9	4	4	3	7	1	1	1	3	2	4	4	4
349	대구 달성군	달성문화원 운영	11	524,788	4	1,4	7	8	7	1	1	1	1	1	1	4	4
350	대구 군위군	장애인편의증진기술지원센터운영	11	143,947	5	1	7	8	7	1	1	4	5	5	4	4	4
351	대구 군위군	장애인생활이동지원센터운영	11	170,780	5	1	7	8	7	5	1	4	5	5	4	4	4
352	대구 군위군	수어통역센터운영	11	221,040	5	1	7	8	7	5	1	4	5	5	4	4	4
353	대구 군위군	자원봉사센터운영	11	376,000	4	1	5	8	7	1	1	4	5	5	4	4	4
354	인천광역시	마을공동체만들기지원센터 운영	2	700,000	4	4	2	3	1	1	1	1	3	3	2	4	4
355	인천 중구	시설관리공단 운영	11	18,131,601	8	4	4	6	7	1	3	1	1	3	2	1	2
356	인천 중구	청년공간 조성 및 운영	9	316,474	4	4	1	3	1	1	1	2	5	5	4	4	4
357	인천 중구	사회적경제·마을공동체 지원센터 운영	3	237,697	4	4	1	3	1	1	1	2	5	5	4	4	4
358	인천 중구	급식관리지원센터 운영(보조)	11	345,000	4	1	5	3	7	1	1	1	1	1	1	1	3
359	인천 연수구	자활근로및 지역자활센터운영	10	551,768	5	2	5	1	7	1	1	1	2	4	1,3	1	1,3
360	인천 남동구	자원봉사센터운영	11	702,929	4	4	6	8	7	1	1	1	1	1	1	1	1
361	인천 남동구	남동마을학교운영	11	25,000	1	4	7	8	7	1	1	4	5	5	4	4	4
362	인천 남동구	지역자활센터운영	10	529,762	5	2	5	8	7	5	5	4	5	5	4	4	4
363	인천 남동구	어린이·사회복지급식관리지원센터운영	11	1,045,000	4	1	1	3	1	1	2	1	1	1	1	4	4
364	인천 남동구	기초정신건강복지센터운영	11	49,320	4	1	1	3	1	5	1	1	3	1	3	3	3
365	인천 남동구	중독관리통합지원센터운영	11	38,400	4	1	1	3	1	5	1	1	3	1	3	3	3
366	인천 부평구	지역자활센터 운영	10	928,585	5	2	5	1	7	1	1	2	5	5	4	4	4
367	인천 부평구	청소년성문화센터 운영	11	419,004	8	1	5	2	7	5	1	4	5	5	4	4	4
368	인천 부평구	공동육아나눔터 운영	11	113,424	4	1	5	5	7	1	1	4	5	5	4	4	4
369	인천 부평구	노인인력개발센터 운영	11	664,930	5	4	7	8	7	1	1	1	5	5	4	4	4
370	인천 계양구	구립도서관 운영	11	626,725	8	4	7	8	7	1	1	1	1	3	2	1	3
371	인천 계양구	국제어학관운영	11	853,996	8	4	7	8	7	1	1	1	1	3	2	1	3
372	인천 계양구	계양종합사회복지관 운영	11	1,041,024	5	1	7	8	7	1	1	4	5	5	4	4	4
373	인천 계양구	노숙인시설 운영	11	983,166	5	7	7	8	7	5	1	4	5	5	4	4	4
374	인천 계양구	쪽방상담소 운영	11	383,357	5	7	7	8	7	5	1	4	5	5	4	4	4
375	인천 계양구	사회복지회관 운영	11	159,478	8	7	7	8	7	5	1	4	5	5	4	4	4
376	인천 계양구	쓰레기종량제봉투관리운영	11	232,765	8	4	7	8	7	1	1	4	5	5	4	4	4
377	인천 계양구	재활용 분리배출시설 운영	4	1,060,900	4	1	7	8	7	1	1	3	2	1	4	4	4
378	인천 계양구	치매주간보호센터 운영	11	459,000	4	4	1	5	1	1	1	3	3	1,2	4	4	4
379	인천 강화군	창업일자리센터 운영	5	989,172	4	4	5	5	7	1	1	1	1	1	1	2	4
380	인천 강화군	유유기지 운영	9	394,016	4	4	5	2	7	1	1	3	3	1	1	2	4
381	인천 강화군	지역자활센터운영	10	366,051	5	2	1	1	1	5	1	1	2	2	3	3	3
382	인천 옹진군	지역급식관리지원센터 운영	11	118,600	4	1	5	3	1	5	5	4	5	5	4	4	4
383	광주광역시	국제교류협력지원	11(국제교류센터)	380,000	4	4	2	2	2	1	3	1	3	2	3	3	2
384	광주광역시	차이나센터운영	11(대학교)	182,000	4	4	2	2	2	1	3	1	3	2	3	3	2
385	광주광역시	광주광역시시민사회지원센터운영	11(NGO지원센터)	600,000	4	4	1	3	1	1	3	1	3	2	1	3	1
386	광주광역시	사회적경제지원센터운영	3	1,676,000	4	4	6	2	7	1	1	1	3	2	4	4	4
387	광주광역시	하남산단노동자작업복세탁소운영	10	100,000	4	6	6	3	6(공고)	1	1	3	3	1	1	1	2
388	광주광역시	산단노동자조식지원	10	100,000	4	6	6	1	6(공고)	1	1	3	3	1	1	1	2

순번	시군구	지출명 (사업명)	중간지원조직 위탁형태 1. 도시재생지원센터 2. 마을만들기센터 (농촌활성화센터 등) 3. 사회적경제지원센터 4. 주민자치센터 5. 창업지원센터 6. NPO지원센터 7. 협동조합지원센터 8. 혁신센터 9. 청년센터 10. 지역자활센터	2025년예산 (단위:천원/1년간)	민간이전 분류 (지방자치단체 세출예산 집행기준에 의거) 1. 민간경상사업보조(307-02) 2. 민간단체 법정운영비보조(307-03) 3. 민간행사사업보조(307-04) 4. 민간위탁금(307-05) 5. 사회복지시설 법정운영비보조(307-10) 6. 사회복지사업보조(307-11) 7. 민간인위탁교육비(307-12) 8. 공기관등에대한경상적위탁사업비(308-13) 9. 공사공단 경상전출금(309-01)	민간이전지출 근거 (지방보조금 관리기준 참고) 1. 법률에 규정 2. 국고보조 재원(국가지정) 3. 용도 지정 기부금 4. 조례에 직접규정 5. 지자체가 권장하는 사업을 하는 공공기관 6. 시,도 정책 및 재정사정 7. 기타 8. 해당없음	입찰방식 계약체결방법 (경쟁형태) 1. 일반경쟁 2. 제한경쟁 3. 지명경쟁 4. 수의계약 5. 법정위탁 6. 기타 ( ) 7. 해당없음	입찰방식 계약기간 1. 1년 2. 2년 3. 3년 4. 4년 5. 5년 6. 기타 ( )년 7. 단기계약 (1년미만) 8. 해당없음	입찰방식 낙찰자선정방법 1. 적격심사 2. 협상에의한계약 3. 최저가낙찰제 4. 규격가격분리 5. 2단계 경쟁입찰 6. 기타 ( ) 7. 해당없음	운영예산 산정 운영비산정 1. 내부산정 (지자체 자체적으로 산정) 2. 외부산정 (외부전문기관위탁 산정) 3. 내·외부 모두 산정 4. 산정 無 5. 해당없음	운영예산 산정 정산방법 1. 내부정산 (지자체 내부적으로 정산) 2. 외부정산 (외부전문기관위탁 정산) 3. 내·외부 모두 산정 4. 정산 無 5. 해당없음	성과평가 성과평가 실시여부 1. 실시 2. 미실시 3. 향후 추진 4. 해당없음	성과평가 성과평가 주기 1. 매년 2. 격년 3. 기간만료전 4. 기타 ( ) 5. 해당없음	성과평가 성과평가 실시 방법 1. 자체 실시 2. 평가단 구성 후 실시 (전문위원 섭외) 3. 전문 평가기관 의뢰 4. 기타 ( ) 5. 해당없음	성과평가 평가기준 적용방법 1. 관련 조례 적용 2. 전문 평가기관 의뢰 3. 기타 ( ) 4. 해당없음	평가결과 적용 실제 인센티브 및 페널티 적용여부 1. 매년 적용 2. 적용 안함 3. 기타 ( ) 4. 해당없음	평가결과 적용 인센티브 및 페널티 적용근거 1. 조례 2. 계약서 3. 기타 ( ) 4. 해당없음
389	광주광역시	콘텐츠산업정책홍보	11	10,000	8	1	7	8	7	1	5	4	5	5	4	4	4
390	광주광역시	음악산업진흥센터운영	11	435,000	8	4	7	8	7	1	3	4	5	5	4	4	4
391	광주광역시	콘텐츠창업보육센터운영	11	194,000	8	4	7	8	7	1	3	4	5	5	4	4	4
392	광주광역시	CGI센터운영	11	1,206,000	8	4	7	8	7	1	3	4	5	5	4	4	4
393	광주광역시	영상복합문화관운영	11	472,000	8	4	7	8	7	1	3	4	5	5	4	4	4
394	광주광역시	광주실감콘텐츠큐브(GCC)운영	11	1,646,000	8	4	7	8	7	1	3	4	5	5	4	4	4
395	광주광역시	투자진흥지구활성화	11	200,000	8	5	7	1	7	1	3	4	5	5	4	4	4
396	광주광역시	투자진흥지구지원시설운영	11	1,576,000	8	5	7	1	7	1	3	4	5	5	4	4	4
397	광주광역시	아시아문화기술실증센터운영기반구축(경상)	11	1,350,000	8	2	7	6	7	1	3	2	5	5	4	4	4
398	광주광역시	1인창조및중장년기술창업지원(국가직접지원)	11	195,000	8	5	7	1	7	1	3	4	5	5	4	4	4
399	광주광역시	국제문화창의산업전(ACEFair)	11	1,760,000	8	2	7	8	7	1	3	4	5	5	4	4	4
400	광주광역시	도시형인쇄소공인공동기반시설운영	11	190,000	8	5	7	1	7	1	3	4	5	5	4	4	4
401	광주광역시	인쇄산업체역량강화지원(국가직접지원)	11	300,000	8	5	7	1	7	1	3	4	5	5	4	4	4
402	광주광역시	광주음악창작소프로그램운영지원(국가직접지원)	11	250,000	8	5	7	1	7	1	3	1	1	1	3	4	4
403	광주광역시	사직국제문화교류타운프로그램	11	200,000	8	2	7	1	7	1	3	1	1	1	3	4	4
404	광주광역시	아시아콘텐츠인터랙티브월운영	11	60,000	8	2	7	1	7	1	3	2	5	5	4	4	4
405	광주광역시	지역기반형콘텐츠코리아랩운영(국가직접지원)	11	500,000	8	2	7	1	7	1	3	2	5	5	4	4	4
406	광주광역시	첨단융합콘텐츠제작유통지원	11	2,600,000	8	2	7	2	7	1	3	2	5	5	4	4	4
407	광주광역시	문화콘텐츠기획창작스튜디오운영지원	11	1,800,000	8	2	7	2	7	1	3	2	5	5	4	4	4
408	광주광역시	문화콘텐츠창작인발굴및마케팅지원	11	800,000	8	2	7	1	7	1	3	2	5	5	4	4	4
409	광주광역시	지역특화콘텐츠개발지원(국가직접지원)	11	2,200,000	8	2	7	3	7	1	3	2	5	5	4	4	4
410	광주광역시	문화콘텐츠전문인력양성및취업지원	11	2,400,000	8	5	7	1	7	1	3	4	5	5	4	4	4
411	광주광역시	디자인·ICT융합문화콘텐츠BM개발및육성	11	300,000	8	5	7	1	7	1	3	4	5	5	4	4	4
412	광주광역시	지역기반게임산업육성지원(국가직접지원)	11	1,200,000	8	5	7	1	7	1	3	1	1	2	3	3	2
413	광주광역시	광주이스포츠경기장운영	11	800,000	8	5	7	6	7	1	3	1	1	1	3	4	4
414	광주광역시	광주이스포츠상설경기장운영(국가직접지원)	11	200,000	8	5	7	1	7	1	3	1	1	1	3	4	4
415	광주광역시	이스포츠전문인력양성지원	11	800,000	8	2	7	1	7	1	3	1	1	2	3	4	4
416	광주광역시	아시아이스포츠산업지원센터운영	11	960,000	8	2	7	1	7	1	3	1	1	2	3	4	4
417	광주광역시	광주여성영화제지원	11	153,000	1	4	1	1	7	1	3	1	1	2	1	2	1
418	광주광역시	광주독립영화제지원	11	45,000	1	4	1	1	7	1	3	1	1	2	1	2	1
419	광주광역시	광주공예품마케팅판매지원	11	210,000	8	5	7	1	7	1	3	4	5	5	4	4	4
420	광주광역시	수제공방육성지원	11	795,000	8	5	7	1	7	1	3	4	5	5	4	4	4
421	광주광역시	스타공예상품개발및일자리창출	11	400,000	8	5	7	1	7	1	3	4	5	5	4	4	4
422	광주광역시	산업화디자인프로젝트	11	1,000,000	8	5	7	1	7	1	3	4	5	5	4	4	4
423	광주광역시	디자인주도지역디자인인프라구축(국가직접지원)	11	50,000	8	5	7	1	7	1	3	4	5	5	4	4	4
424	광주광역시	광주디자인Biz-플랫폼운영	11	300,000	8	5	7	1	7	1	3	4	5	5	4	4	4
425	광주광역시	평동비즈니스센터관리위탁대행	11	332,000	8	5	6	5	6	3	3	1	1	1	4	2	4
426	광주광역시	하남혁신지원센터관리위탁대행	11	306,200	8	5	6	5	6	3	3	1	1	1	4	2	4
427	광주광역시	첨단통합관제센터운영	11	466,000	8	1	6	5	7	3	3	1	1	4	4	2	4
428	광주 동구	자활사례관리	10	31,742	5	2	7	8	7	5	5	4	5	5	4	4	4
429	광주 동구	자활지원센터 종사자 지원	10	2,050	5	6	7	8	7	5	5	4	5	5	4	4	4
430	광주 동구	지역자활센터 인건비 보전수당	10	17,991	5	6	7	8	7	5	5	4	5	5	4	4	4
431	광주 동구	자활근로	10	3,800,000	4	1	5	1	6	1	1	1	1	2	3	1	3
432	광주 동구	동구 청년센터 운영	9	300,000	4	4	1	2	6	1	1	1	1	2	3	4	4
433	광주 남구	중간지원조직 지원	2	40,000	1	1	7	7	7	1	1	4	5	5	5	4	4
434	광주 남구	주민자치센터 프로그램 운영지원	4	586,566	4	4	4	2	6(재계약)	1	1	1	3	1	1	4	4
435	광주 남구	자활근로사업	10	4,334,458	4	8	5	1	7	1	1	1	2	3	2	3(격년 적용)	3(법령)
436	광주 북구	자치구중간지원조직지원, 마을분쟁해결지원센터 운영지원	2	105,296	4	4	7	8	7	5	5	4	5	5	4	4	4
437	대전광역시	대전도시재생지원센터 운영	1	900,000	8	4	5	2	7	1	1	1	1	1	3	1	3

순번	시군구	지출명 (사업명)	중간지원조직 위탁형태 1. 도시재생지원센터 2. 마을만들기센터 (농촌활성화센터 등) 3. 사회적경제지원센터 4. 주민자치센터 5. 창업지원센터 6. NPO지원센터 7. 협동조합지원센터 8. 혁신센터 9. 청년센터 10. 지역자활센터	2025년예산 (단위:천원/1년간)	민간이전 분류 (지방자치단체 세출예산 집행기준에 의거) 1. 민간경상사업보조(307-02) 2. 민간단체 법정운영비보조(307-03) 3. 민간행사사업보조(307-04) 4. 민간위탁금(307-05) 5. 사회복지시설 법정운영비보조(307-10) 6. 사회복지사업보조(307-11) 7. 민간인위탁교육비(307-12) 8. 공기관등에대한경상적위탁사업비(308-13) 9. 공사공단 경상전출금(309-01)	민간이전지출 근거 (지방보조금 관리기준 참고) 1. 법률에 규정 2. 국고보조 재원(국가지정) 3. 용도 지정 기부금 4. 조례에 직접규정 5. 지자체가 권장하는 사업을 하는 공공기관 6. 시,도 정책 및 재정사정 7. 기타 8. 해당없음	입찰방식			운영예산 산정		성과평가				평가결과 적용	
							계약체결방법 (경쟁형태) 1. 일반경쟁 2. 제한경쟁 3. 지명경쟁 4. 수의계약 5. 법정위탁 6. 기타 () 7. 해당없음	계약기간 1. 1년 2. 2년 3. 3년 4. 4년 5. 5년 6. 기타 ()년 7. 단기계약 (1년미만) 8. 해당없음	낙찰자선정방법 1. 적격심사 2. 협상에의한계약 3. 최저가낙찰제 4. 규격가격분리 5. 2단계 경쟁입찰 6. 기타 () 7. 해당없음	운영비산정 1. 내부산정 (지자체 자체적으로 산정) 2. 외부산정 (외부전문기관위탁 산정) 3. 내·외부 모두 산정 4. 산정 無 5. 해당없음	정산방법 1. 내부정산 (지자체 내부적으로 정산) 2. 외부정산 (외부전문기관위탁 정산) 3. 내·외부 모두 산정 4. 정산 無 5. 해당없음	성과평가 실시여부 1. 실시 2. 미실시 3. 향후 추진 4. 해당없음	성과평가 주기 1. 매년 2. 격년 3. 기간만료전 4. 기타 () 5. 해당없음	성과평가 실시 방법 1. 자체 실시 2. 평가단 구성 후 실시 (전문위원 섭외) 3. 전문 평가기관 의뢰 4. 기타 () 5. 해당없음	평가기준 적용방법 1. 관련 조례 적용 2. 전문 평가기관 의뢰 3. 기타 () 4. 해당없음	실제 인센티브 및 페널티 적용여부 1. 매년 적용 2. 적용 안함 3. 기타 ( ) 4. 해당없음	인센티브 및 페널티 적용근거 1. 조례 2. 계약서 3. 기타 ( ) 4. 해당없음
438	대전광역시	마을기업 중간지원기관 위탁	3	260,000	4	4	1	2	1	1	1	1	3	1	1	3	1
439	대전광역시	창업생태계 조성 및 스타트업 파크 운영	5	2,826,000	4	4	4	5	1	1	1	1	3	2	1	3	1
440	대전광역시	대전 사회혁신센터 관리 운영	8	1,589,157	4	4	1	3	1	1	1	1	3	2	1	3	1
441	대전 중구	청년공간운영	9	171,675	4	4	6	3	6	1	1	2	5	5	4	4	4
442	대전 서구	혁신센터 운영	11	554,489	4	1	7	8	7	5	5	4	5	5	4	4	4
443	대전 서구	청년활동공간 운영 지원사업	9	50,000	1	4	6	2	6	1	1	1	1	1	1	4	4
444	대전 서구	청년활동공간 운영	9	728,080	4	4	6	2	6	1	1	1	3	1	1	4	4
445	대전 서구	청년활동공간 운영	9	728,081	4	4	6	2	6	1	1	1	3	1	1	4	4
446	대전 서구	청년활동공간 운영	9	728,082	4	4	6	2	6	1	1	1	3	1	1	4	4
447	대전 대덕구	육아복합마더센터 운영	11	373,776	4	4	1	3	1	1	1	1	3	1	3	4	4
448	대전 대덕구	공동육아나눔터 운영	11	58,244	6	1	7	8	7	5	5	4	4	5	4	4	4
449	대전 대덕구	육아종합지원센터지원	11	781,400	4	1	1	3	6	1	1	1	3	1	3	4	4
450	대전 대덕구	송촌동 다함께돌봄센터 운영	11	151,912	4	1	1	5	1	1	1	3	3	1	1	1	1
451	대전 대덕구	신탄진동 다함께돌봄센터 운영	11	171,484	4	1	1	5	1	1	1	3	3	1	1	1	1
452	대전 대덕구	대화동 다함께돌봄센터 운영	11	145,427	4	1	1	5	1	1	1	3	3	1	1	1	1
453	대전 대덕구	송촌동 다함께돌봄센터 2호점 운영	11	153,732	4	1	1	5	1	1	1	3	3	1	1	1	1
454	대전 대덕구	목상동 다함께돌봄센터 운영	11	138,912	4	1	1	5	1	1	1	3	3	1	1	1	1
455	대전 대덕구	마을공동체활성화	11	591,542	4	4	1	2	1	1	1	1	3	3	2	2	4
456	대전 대덕구	자원봉사센터활성화지원	11	13,685	1	1	7	8	7	1	1	1	1	1	3	4	4
457	대전 대덕구	자원봉사센터운영비	11	260,870	2	1	7	8	7	1	1	1	1	1	3	4	4
458	울산광역시	광역자활센터 지원	11	636,389	5	1	5	5	7	5	1	1	2	2	3(평가표)	3(격년)	3(지침)
459	울산광역시	시 청년지원센터 운영	9	602,000	8	1	5	2	7	1	1	1	1	1	1	1	1
460	울산광역시	울산도시재생지원센터 운영	1	494,800	8	4	7	2	7	1	1	1	1	1	3	4	4
461	울산 남구	어린이.사회복지급식관리지원센터 운영	11	730,000	4	1	1	5	1	2	2	1	1	1	4	4	4
462	울산 북구	구청 어린이집 운영	11	311,457	4	4	6	5	6	1	1	1	3	4	3	4	4
463	울산 북구	염포동 연극교실 염포극단(가칭) 운영	11	5,000	1	4	5	1	7	1	1	1	1	1	1	4	4
464	울산 북구	자원봉사센터 운영	11	247,966	4	5	7	8	7	1	1	1	1	1	4	2	4
465	울산 북구	푸드뱅크 운영	11	5,880	5	6	7	8	7	1	1	1	1	1	4	2	4
466	울산 울주군	정신건강복지센터 운영	11	1,410,134	4	1	1	5	6	5	1	1	1	4	3	2	4
467	세종특별자치시	세종창업키움센터 운영	8	250,000	4	1	4	3	1	1	1	1	3	2	1	1	2
468	세종특별자치시	조치원역일원 행정복합공간 관리 운영	8	41,800	4	1	1	3	1	1	1	1	3	1	1	1	2
469	세종특별자치시	세종시 환경교육센터 운영	11	150,000	4	1	1	3	1	3	1	1	3	2	1	1	2
470	경기 의정부시	지역자활센터운영	10	453,460	5	2	3	3	3	5	5	1	2	4	3	3	3
471	경기 의정부시	수어교실 운영	11	4,500	6	1	3	3	3	5	5	1	1	1	3	3	3
472	경기 의정부시	장애인 민원종합상담실 운영	11	68,160	6	1	4	1	2	5	5	1	1	2	4	1	2
473	경기 의정부시	장애인직업재활시설 운영	11	3,676,494	5	1	7	8	7	5	5	1	1	1	1	4	4
474	경기 의정부시	장애인생활이동지원센터 운영	11	375,204	5	1	7	8	7	5	5	1	1	1	1	4	4
475	경기 의정부시	수어통역센터 운영	11	390,412	5	1	7	8	7	5	5	1	1	1	1	4	4
476	경기 의정부시	장애인편의시설 기술지원센터 운영	11	88,000	6	1	7	8	7	5	5	1	1	1	1	4	4
477	경기 의정부시	발달장애인평생교육지원센터 운영	11	396,670	6	1	7	8	7	5	5	1	1	1	1	4	4
478	경기 의정부시	여성단체협의회(여성자원활동센터) 운영	11	15,000	2	7	7	8	7	5	5	1	1	1	3	3	3
479	경기 의정부시	가정폭력상담소 운영	11	146,711	5	1	7	8	7	5	5	4	5	5	4	4	4
480	경기 의정부시	성폭력상담소 운영	11	188,268	5	1	7	8	7	5	5	4	5	5	4	4	4
481	경기 의정부시	성매매피해상담소 운영	11	190,880	5	1	7	8	7	5	5	4	5	5	4	4	4
482	경기 의정부시	아동양육시설 운영	11	4,193,637	5	6	7	8	7	5	5	1	1	1	3	4	4
483	경기 의정부시	요보호아동 그룹홈 운영	11	281,088	5	2	7	8	7	5	5	4	5	5	4	4	4
484	경기 의정부시	아동보호전문기관 운영	11	590,242	5	2	7	8	7	5	5	1	1	1	1	4	4
485	경기 의정부시	시민생활체육광장 운영	11	35,960	3	5	7	8	7	5	5	1	1	1	3	3	3
486	경기 의정부시	지역급식관리지원센터 운영	11	886,938	2	1	7	8	7	5	5	4	5	5	4	4	4

순번	시군구	지출명 (사업명)	중간지원조직 위탁형태 1. 도시재생지원센터 2. 마을만들기센터 (농촌활성화센터 등) 3. 사회적경제지원센터 4. 주민자치센터 5. 창업지원센터 6. NPO지원센터 7. 협동조합지원센터 8. 혁신센터 9. 청년센터 10. 지역자활센터	2025년예산 (단위:천원/1년간)	민간이전 분류 (지방자치단체 세출예산 집행기준에 의거) 1. 민간경상사업보조(307-02) 2. 민간단체 법정운영비보조(307-03) 3. 민간행사사업보조(307-04) 4. 민간위탁금(307-05) 5. 사회복지시설 법정운영비보조(307-10) 6. 사회복지사업보조(307-11) 7. 민간인위탁교육비(307-12) 8. 공기관등에대한경상적위탁사업비(308-13) 9. 공사공단 경상전출금(309-01)	민간이전지출 근거 (지방보조금 관리기준 참고) 1. 법률에 규정 2. 국고보조 재원(국가지정) 3. 용도 지정 기부금 4. 조례에 직접규정 5. 지자체가 권장하는 사업을 하는 공공기관 6. 시,도 정책 및 재정사정 7. 기타 8. 해당없음	입찰방식			운영예산 산정		성과평가				평가결과 적용	
							계약체결방법 (경쟁형태) 1. 일반경쟁 2. 제한경쟁 3. 지명경쟁 4. 수의계약 5. 법정위탁 6. 기타 ( ) 7. 해당없음	계약기간 1. 1년 2. 2년 3. 3년 4. 4년 5. 5년 6. 기타 ( )년 7. 단기계약 (1년미만) 8. 해당없음	낙찰자선정방법 1. 적격심사 2. 협상에의한계약 3. 최저가낙찰제 4. 규격가격분리 5. 2단계 경쟁입찰 6. 기타 ( ) 7. 해당없음	운영비산정 1. 내부산정 (지자체 자체적으로 산정) 2. 외부산정 (외부전문기관위탁 산정) 3. 내·외부 모두 산정 4. 산정 無 5. 해당없음	정산방법 1. 내부정산 (지자체 내부적으로 정산) 2. 외부정산 (외부전문기관위탁 정산) 3. 내·외부 모두 산정 4. 정산 無 5. 해당없음	성과평가 실시여부 1. 실시 2. 미실시 3. 향후 추진 4. 해당없음	성과평가 주기 1. 매년 2. 격년 3. 기간만료전 4. 기타 ( ) 5. 해당없음	성과평가 실시 방법 1. 자체 실시 2. 평가단 구성 후 실시 (전문위원 섭외) 3. 전문 평가기관 의뢰 4. 기타 ( ) 5. 해당없음	평가기준 적용방법 1. 관련 조례 적용 2. 전문 평가기관 의뢰 3. 기타 ( ) 4. 해당없음	실제 인센티브 및 페널티 적용여부 1. 매년 적용 2. 적용 안함 3. 기타 ( ) 4. 해당없음	인센티브 및 페널티 적용근거 1. 조례 2. 계약서 3. 기타 ( ) 4. 해당없음
487	경기 안양시	소공인 특화지원센터 운영사업	11	150,000	8	2	4	7	7	1	1	1	1	2	2	2	4
488	경기 안양시	청년공간(범계역 청년출구) 운영	9	155,745	4	6	1	3	1	1	1	1	1	1	1,3	2	4
489	경기 광명시	청년동 운영	9	526,000	8	7	6	3	6	1	3	4	4	5	4	4	4
490	경기 평택시	청년창업지원센터 운영	9	202,620	8	4	7	8	7	1	1	4	5	5	4	4	4
491	경기 평택시	다함께 돌봄센터 1호점	11	70,073	4	4	1	5	1	1	1	1	1	3	3	1	1
492	경기 평택시	다함께 돌봄센터 2호점	11	46,713	4	4	1	5	1	1	1	1	1	3	3	1	1
493	경기 평택시	다함께 돌봄센터 3호점	11	44,813	4	4	1	5	1	1	1	1	1	3	3	1	1
494	경기 평택시	다함께 돌봄센터 4호점	11	52,788	4	4	1	5	1	1	1	1	1	3	3	1	1
495	경기 평택시	다함께 돌봄센터 5호점	11	45,455	4	4	1	5	1	1	1	1	1	3	3	1	1
496	경기 평택시	다함께 돌봄센터 6호점	11	57,057	4	4	1	5	1	1	1	1	1	3	3	1	1
497	경기 평택시	다함께 돌봄센터 7호점	11	51,197	4	4	1	5	1	1	1	1	1	3	3	1	1
498	경기 평택시	다함께 돌봄센터 8호점	11	73,900	4	4	1	5	1	1	1	1	1	3	3	1	1
499	경기 평택시	다함께 돌봄센터 9호점	11	63,743	4	4	1	5	1	1	1	1	1	3	3	1	1
500	경기 평택시	아동보호전문기관 운영	11	826,076	4	4	1	5	1	1	1	1	1	3	3	1	1
501	경기 평택시	지역아동보호전문기관 운영	11	210,783	4	4	1	5	1	1	1	1	1	3	3	1	1
502	경기 동두천시	청년창업지원센터 운영	5	90,000	4	4	2	3	2	1	1	1	3	1	1	4	4
503	경기 안산시	자활근로, 지역자활센터 및 광역자활센터운영(자활근로사업)	10	3,444,444	4	1	5	1	7	1	1	1	2	4	3	3	3
504	경기 안산시	자활근로, 지역자활센터 및 광역자활센터운영(지역자활센터운영)	10	639,512	5	1	5	1	7	1	1	1	2	4	3	3	3
505	경기 안산시	자활근로, 지역자활센터 및 광역자활센터운영(통장사례관리 운영비)	10	74,440	5	1	5	1	7	1	1	1	2	4	3	3	3
506	경기 안산시	안산녹색환경지원센터 운영	11	200,000	1	1	7	8	7	1	1	1	1	2	3	1	3
507	경기 안산시	녹색구매지원센터 운영	11	88,000	4	2	1	1	1	2	2	1	3	1	1	3	1
508	경기 안산시	안산시마을만들기지원센터 운영	2	700,000	4	4	6	3	7	1	1	1	3	2	1	4	4
509	고양특례시	여성창업지원센터 운영	5	120,000	4	4	2	3	2	1	1	1	3	2	1	4	4
510	고양특례시	28청춘창업소 운영	5	491,441	8	4	6	2	6	1	1	1	3	1	3	4	4
511	고양특례시	자활근로, 지역자활센터 및 광역자활센터 운영-지역자활센터 운영	10	400,582	5	2	5	1	7	5	1	1	2	2	3	3	3
512	경기 과천시	창업지원센터운영	5	466,974	4	4	1	3	2	1	1	1	1	1	4	2	4
513	경기 구리시	청년내일센터 운영	5	412,000	4	4	2	3	2	1	1	1	1	2	3	4	4
514	경기 오산시	오색시장 고객지원센터 민간위탁	11	220,000	4	4	2	3	1	1	1	1	1	1	1	1	1
515	경기 오산시	근로자종합복지관 민간위탁	11	764,491	4	4	1	3	1	1	1	1	1	1	1	4	4
516	경기 군포시	군포시사회적경제마을공동체지원센터 운영	3	382,500	4	4	6	3	1	1	1	1	1	1	1	1	1
517	용인특례시	마을공동체지원센터 운영	1	240,000	4	4	1	3	1	1	1	1	3	3	2	4	4
518	경기 파주시	문산종합사회복지관 운영	7	1,690,847	4	4	2	5	1	3	3	1	1	1	1	1	1
519	경기 파주시	운정종합사회복지관 운영	7	739,021	4	4	2	5	1	3	3	1	1	1	1	1	1
520	경기 파주시	지역사회보장협의체 운영	11	216,206	2	1	7	8	7	1	1	1	1	3	2	1	1
521	경기 파주시	청년창업지원센터 운영	5	223,654	8	4	7	8	7	5	5	4	5	5	4	4	4
522	경기 파주시	진로체험지원센터 운영	11	491,092	4	4	1	3	2	1	1	1	1	2	1	3	3
523	경기 여주시	사회적공동체지원센터 설립운영	3	479,174	4	4	1	5	1	1	1	1	3	3	2	4	4
524	경기 여주시	여주시소상공인지원센터 운영	11	384,364	4	4	1	2	1	1	1	1	3	2	3	4	4
525	경기 여주시	여주일자리센터	11	508,760	4	4	1	2	1	1	1	1	3	1	3	4	4
526	화성특례시	사회적경제지원센터 운영	3	882,415	4	4	1	2	2	1	1	1	1	2	3	4	4
527	화성특례시	소공인 집적지구 공동기반시설 운영	11	681,664	4	4	1	1	1	1	1	1	3	1	3	1	1
528	화성특례시	화성시 공예문화관 운영	11	240,482	4	4	1	3	1	1	1	1	3	1	3	1	1
529	화성특례시	화성 소공인 복합지원센터 운영	11	1,304,000	4	4	1	1	1	1	3	1	3	1	1	4	4
530	화성특례시	동탄 소공인 복합지원센터 운영	11	1,416,244	8	5	6	3	1	1	3	1	3	1	1	4	4
531	화성특례시	화성시 수출업무지원센터 사업지원 및 운영	11	2,541,000	4	4	6	2	2	1	3	1	3	1	1,3	3	3
532	화성특례시	청소년상담복지센터 운영	11	843,552	4	1	1	2	1	3	1	1	3	2	1	1	1
533	화성특례시	청소년 동반자 프로그램 운영	11	403,220	4	2	1	2	1	3	1	1	3	2	1	1	1
534	화성특례시	학교 밖 청소년 프로그램 운영	11	227,847	4	2	1	2	1	3	1	1	3	2	1	1	1
535	화성특례시	자활근로, 지역자활센터 운영(자활근로사업)	10	2,368,475	4	2	5	1	6	1	1	1	2	2	2	3	3

순번	시군구	지출명 (사업명)	중간지원조직 위탁형태 1. 도시재생지원센터 2. 마을만들기센터 (농촌활성화센터 등) 3. 사회적경제지원센터 4. 주민자치센터 5. 창업지원센터 6. NPO지원센터 7. 협동조합지원센터 8. 혁신센터 9. 청년센터 10. 지역자활센터	2025년예산 (단위:천원/1년간)	민간이전 분류 (지방자치단체 세출예산 집행기준에 의거) 1. 민간경상사업보조(307-02) 2. 민간단체 법정운영비보조(307-03) 3. 민간행사사업보조(307-04) 4. 민간위탁금(307-05) 5. 사회복지시설 법정운영비보조(307-10) 6. 사회복지사업보조(307-11) 7. 민간인위탁교육비(307-12) 8. 공기관등에대한경상적위탁사업비(308-13) 9. 공사공단 경상전출금(309-01)	민간이전지출 근거 (지방보조금 관리기준 참고) 1. 법률에 규정 2. 국고보조 재원(국가지정) 3. 용도 지정 기부금 4. 조례에 직접규정 5. 지자체가 권장하는 사업을 하는 공공기관 6. 시,도 정책 및 재정사정 7. 기타 8. 해당없음	입찰방식: 계약체결방법 (경쟁형태) 1. 일반경쟁 2. 제한경쟁 3. 지명경쟁 4. 수의계약 5. 법정위탁 6. 기타 ( ) 7. 해당없음	입찰방식: 계약기간 1. 1년 2. 2년 3. 3년 4. 4년 5. 5년 6. 기타 ( )년 7. 단기계약 (1년미만) 8. 해당없음	입찰방식: 낙찰자선정방법 1. 적격심사 2. 협상에의한계약 3. 최저가낙찰제 4. 규격가격분리 5. 2단계 경쟁입찰 6. 기타 ( ) 7. 해당없음	운영예산 산정: 운영비산정 1. 내부산정 (지자체 자체적으로 산정) 2. 외부산정 (외부전문기관위탁 산정) 3. 내·외부 모두 산정 4. 산정 無 5. 해당없음	운영예산 산정: 정산방법 1. 내부정산 (지자체 내부적으로 정산) 2. 외부정산 (외부전문기관위탁 정산) 3. 내·외부 모두 산정 4. 정산 無 5. 해당없음	성과평가: 성과평가 실시여부 1. 실시 2. 미실시 3. 향후 추진 4. 해당없음	성과평가: 성과평가 주기 1. 매년 2. 격년 3. 기간만료전 4. 기타 ( ) 5. 해당없음	성과평가: 성과평가 실시 방법 1. 자체 실시 2. 평가단 구성 후 실시 (전문위원 섭외) 3. 전문 평가기관 의뢰 4. 기타 ( ) 5. 해당없음	성과평가: 평가기준 적용방법 1. 관련 조례 적용 2. 전문 평가기관 의뢰 3. 기타 ( ) 4. 해당없음	평가결과 적용: 실제 인센티브 및 페널티 적용여부 1. 매년 적용 2. 적용 안함 3. 기타 ( ) 4. 해당없음	평가결과 적용: 인센티브 및 페널티 적용근거 1. 조례 2. 계약서 3. 기타 ( ) 4. 해당없음
536	화성특례시	자활근로, 지역자활센터 운영(지역자활센터운영)	10	356,980	5	2	5	1	6	1	1	1	2	2	2	3	3
537	화성특례시	자활근로, 지역자활센터 운영(희망키움통장 사례관리자 운영비)	10	38,151	6	2	5	1	7	1	1	1	1	5	4	4	4
538	화성특례시	깔끄미사업 운영	10	17,500	6	2	5	1	7	1	1	1	1	5	4	4	4
539	경기 양주시	직장 어린이집 운영	11	545,400	4	4	2	5	1	5	5	4	5	5	4	4	4
540	경기 양주시	노인대학 운영	11	188,037	6	4	7	8	7	1	1	4	5	5	4	4	4
541	경기 양주시	노인대학 운영	11	27,000	6	4	7	8	7	1	1	4	5	5	4	4	4
542	경기 양주시	노인복지관 운영	11	1,626,560	4	4	1	5	1	1	1	4	5	5	4	4	4
543	경기 양주시	경신 하늘뜰 공원 운영관리	11	15,675	1	1	7	3	7	1	1	1	1	1	1	1	1
544	경기 양주시	경신 하늘뜰 공원 운영관리	11	52,800	4	1	7	3	7	1	1	4	5	5	4	4	4
545	경기 양주시	지역자활센터 운영	10	259,900	5	2	7	8	7	1	1	4	5	5	4	4	4
546	경기 양주시	장애인거주시설 운영	11	4,754,229	5	1	7	8	7	1	1	4	5	5	4	4	4
547	경기 양주시	장애인주간보호시설 운영	11	660,886	4	1	7	8	7	1	1	4	5	5	4	4	4
548	경기 양주시	장애인주간보호시설 운영	11	448,285	5	1	7	8	7	1	1	4	5	5	4	4	4
549	경기 양주시	장애인생활이동지원센터 운영	11	479,980	5	1	7	8	7	1	1	4	5	5	4	4	4
550	경기 양주시	수어통역센터 운영	11	259,200	5	1	7	8	7	1	1	4	5	5	4	4	4
551	경기 양주시	양주시 장애인종합복지관 운영	11	1,800,000	4	1	7	8	7	1	1	4	5	5	4	4	4
552	경기 양주시	경기북부시각장애인 점자도서관 운영	11	256,337	5	1	7	8	7	1	1	4	5	5	4	4	4
553	경기 양주시	장애인직업재활시설 운영	11	677,001	4	1	7	8	7	1	1	4	5	5	4	4	4
554	경기 양주시	장애인직업재활시설 운영	11	1,116,225	5	1	7	8	7	1	1	4	5	5	4	4	4
555	경기 양주시	가족센터 운영	11	686,720	4	2	1	5	1	5	1	4	5	5	4	4	4
556	경기 양주시	다문화가정 서포터즈 운영	11	2,540	6	1	7	8	7	5	5	4	5	5	4	4	4
557	경기 양주시	공동육아나눔터 운영	11	113,424	6	2	7	8	7	5	1	4	5	5	4	4	4
558	경기 양주시	가정폭력상담소 운영	11	146,711	5	1	7	1	7	1	1	1	1	1	4	4	4
559	경기 양주시	육아종합지원센터 운영	11	541,821	4	6	7	8	7	1	1	1	3	2	3	4	4
560	경기 양주시	육아종합지원센터 운영(육아종합센터 부모교육)(전환사업)	11	34,000	5	6	7	8	7	1	1	4	5	5	4	4	4
561	경기 양주시	아동양육시설 운영	11	852,932	5	1	7	8	7	5	5	4	5	5	4	4	4
562	경기 양주시	아동보호치료시설 운영	11	1,628,750	5	1	7	8	7	5	5	4	5	5	4	4	4
563	경기 양주시	요보호아동 그룹홈운영	11	123,156	5	1	7	8	7	5	5	4	5	5	4	4	4
564	경기 양주시	사회적경제지원센터 운영	3	288,625	4	4	2	3	2	1	1	1	3	2	3	4	4
565	경기 양주시	경기패션창작스튜디오 운영	11	490,000	4	4	1	3	2	1	1	2	5	5	4	4	4
566	경기 양주시	기초 자살예방센터 운영	11	334,179	4	1	1	3	1	1	3	1	3	1	3	3	2
567	경기 포천시	육아종합지원센터운영	11	1,212,672	4	1	1	5	1	1	3	1	1	1	1	4	4
568	경기 포천시	다함께돌봄센터 운영	11	173,693	4	1	4	5	7	1	1	4	5	5	4	4	4
569	경기 포천시	다함께돌봄센터 운영	11	179,537	4	1	1	5	1	1	1	4	5	5	4	4	4
570	경기 포천시	무한돌봄센터운영	11	311,674	4	4	1	5	1	1	1	2	5	5	4	4	4
571	경기 포천시	종합사회복지관 운영	11	969,155	4	4	7	8	7	3	3	4	4	4	4	4	4
572	경기 포천시	가족센터 운영	11	777,970	4	1	1	3	1	3	3	1	3	2	1	3	1
573	경기 포천시	학대피해 아동 쉼터 운영	11	248,494	4	1	5	5	1	5	1	4	5	5	4	4	4
574	경기 포천시	아동보호전문기관 운영	11	599,756	4	1	5	5	1	5	1	4	5	5	4	4	4
575	경기 포천시	포천시장애인주간보호센터	11	1,607,418	3	1	7	5	7	1	1	1	3	1	3	2	4
576	경기 포천시	포천시장애인가족지원센터	11	640,000	3	1	7	5	7	1	1	1	3	1	3	2	4
577	경기 포천시	포천시 도시재생기초지원센터 및 영북면 도시재생현장지원센터 운영	1	363,936	4	1	1	3	1	1	1	1	1	1	3	2	4
578	경기 포천시	기초정신건강복지센터 운영	6	196,461	4	1	1	5	1	1	1	1	3	2	1	2	4
579	경기 포천시	기초 자살예방센터 운영	6	282,418	4	1	1	5	1	1	1	1	3	2	1	2	4
580	강원특별자치도	범죄피해자 보호지원 강화	11	100,000	1	1	7	8	7	1	1	1	1	1	3	1	3
581	강원특별자치도	강원 온라인마케터 양성사업	11	285,000	1	4	7	8	7	1	3	1	1	1	1	4	4
582	강원특별자치도	강원형 미래인력양성 사업	11	300,000	8	5	7	1	7	5	3	4	5	5	4	4	4
583	강원특별자치도	강원청년센터 운영	9	158,571	8	4	7	1	7	1	1	1	1	1	3	4	4
584	강원특별자치도	청년일자리 지역혁신형	11	143,861	1	2	7	8	7	5	5	4	5	5	4	4	4

순번	시군구	지출명 (사업명)	중간지원조직 위탁형태 1. 도시재생지원센터 2. 마을만들기센터 (농촌활성화센터 등) 3. 사회적경제지원센터 4. 주민자치센터 5. 창업지원센터 6. NPO지원센터 7. 협동조합지원센터 8. 혁신센터 9. 청년센터 10. 지역자활센터	2025년예산 (단위:천원/1년간)	민간이전 분류 (지방자치단체 세출예산 집행기준에 의거) 1. 민간경상사업보조(307-02) 2. 민간단체 법정운영비보조(307-03) 3. 민간행사사업보조(307-04) 4. 민간위탁금(307-05) 5. 사회복지시설 법정운영비보조(307-10) 6. 사회복지사업보조(307-11) 7. 민간인위탁교육비(307-12) 8. 공기관등에대한경상적위탁사업비(308-13) 9. 공사공단 경상전출금(309-01)	민간이전지출 근거 (지방보조금 관리기준 참고) 1. 법률에 규정 2. 국고보조 재원(국가지정) 3. 용도 지정 기부금 4. 조례에 직접규정 5. 지자체가 권장하는 사업을 하는 공공기관 6. 시,도 정책 및 재정사정 7. 기타 8. 해당없음	입찰방식: 계약체결방법 (경쟁형태) 1. 일반경쟁 2. 제한경쟁 3. 지명경쟁 4. 수의계약 5. 법정위탁 6. 기타 () 7. 해당없음	입찰방식: 계약기간 1. 1년 2. 2년 3. 3년 4. 4년 5. 5년 6. 기타 ()년 7. 단기계약 (1년미만) 8. 해당없음	입찰방식: 낙찰자선정방법 1. 적격심사 2. 협상에의한계약 3. 최저가낙찰제 4. 규격가격분리 5. 2단계 경쟁입찰 6. 기타 () 7. 해당없음	운영예산 산정: 운영비산정 1. 내부산정 (지자체 자체적으로 산정) 2. 외부산정 (외부전문기관위탁 산정) 3. 내·외부 모두 산정 4. 산정 無 5. 해당없음	운영예산 산정: 정산방법 1. 내부정산 (지자체 내부적으로 정산) 2. 외부정산 (외부전문기관위탁 정산) 3. 내·외부 모두 산정 4. 정산 無 5. 해당없음	성과평가: 성과평가 실시여부 1. 실시 2. 미실시 3. 향후 추진 4. 해당없음	성과평가: 성과평가 주기 1. 매년 2. 격년 3. 기간만료전 4. 기타 () 5. 해당없음	성과평가: 성과평가 실시 방법 1. 자체 실시 2. 평가단 구성 후 실시 (전문위원 섭외) 3. 전문 평가기관 의뢰 4. 기타 () 5. 해당없음	성과평가: 평가기준 적용방법 1. 관련 조례 적용 2. 전문 평가기관 의뢰 3. 기타 () 4. 해당없음	평가결과 적용: 실제 인센티브 및 패널티 적용여부 1. 매년 적용 2. 적용 안함 3. 기타 () 4. 해당없음	평가결과 적용: 인센티브 및 패널티 적용근거 1. 조례 2. 계약서 3. 기타 () 4. 해당없음
585	강원특별자치도	강원창조경제혁신센터 운영지원	11	1,944,000	1	2	7	8	7	1	1	1	1	4	4	4	4
586	강원특별자치도	G-스타트업 창업지원	5	1,100,000	1	4	7	8	7	1	3	4	5	5	4	4	4
587	강원특별자치도	강원로컬벤처기업 육성사업	5	700,000	1	4	7	8	7	1	3	4	5	5	4	4	4
588	강원특별자치도	메이커스페이스 구축·운영(국가직접지원)	5	400,000	1	2	7	8	7	1	1	1	1	4	4	4	4
589	강원특별자치도	창업중심대학 운영 지원(국가직접지원)	5	130,000	1	2	7	8	7	1	1	1	1	4	4	4	4
590	강원특별자치도	반도체 기업유치 마케팅 전개(온라인 광고)	11	30,000	8	4	7	8	7	5	1	4	5	5	4	4	4
591	강원특별자치도	반도체 기업유치 마케팅 전개(박람회 홍보관 운영)	11	205,000	8	4	7	8	7	5	1	4	5	5	4	4	4
592	강원특별자치도	지역주도디지털혁신지원	11	300,000	8	2	7	8	7	1	3	1	1	1	3	4	4
593	강원특별자치도	강원특별자치도청소년활동진흥센터 운영(전환)	11	711,600	4	4	7	8	7	1	1	3	5	5	4	4	4
594	강원특별자치도	강원특별자치도청소년활동진흥센터 강릉분소 운영	11	204,040	4	4	7	8	7	1	1	3	5	5	4	4	4
595	강원특별자치도	청소년성문화센터 운영	11	173,052	4	2	7	8	7	1	1	3	5	5	4	4	4
596	강원특별자치도	여성권익증진시설 운영 지원	11	134,445	5	1	7	8	7	1	1	4	4	5	4	4	4
597	강원특별자치도	강원 광역여성새로일하기센터 지정 운영	11	534,494	8	2	7	8	7	1	1	4	5	5	5	4	4
598	강원특별자치도	농촌공간계획 수립체계 지원	11	384,000	8	2	6	6(3년)	6	2	1	4	5	5	4	4	4
599	강원 춘천시	춘천시 민원콜센터 운영	11	350,000	4	4	1	2	2	1	1	3	3	2	1	3	1
600	강원 춘천시	근화동396 청년창업공간 운영	5	690,000	4	4	1	3	1	1	1	1	3	2	3	1	1,2
601	강원 춘천시	지역자활센터 운영	10	529,762	5	1, 2	7	8	7	6	3	4	5	5	4	4	4
602	강원 춘천시	담작은도서관 운영	7	334,000	4	4	1	5	1	1	1	1	3	2	1	4	4
603	강원 춘천시	춘천사회혁신센터 운영	8	900,000	4	4	6	3	7	1	1	1	3	2	1	4	4
604	강원 원주시	우산동 도시재생 뉴딜사업	1	601,000	4	4	7	1	7	1	1	1	1	1	4	4	4
605	강원 원주시	중앙동 도시재생현장지원센터 민간위탁운영비	1	1,188,620	4	2	2	1	6	1	1	1	1	2	1	1	1
606	강원 동해시	주민자치센터운영(사랑의김장나누기)	4	3,500	1	4	7	8	7	1	1	1	1	1	3	3	3
607	강원 동해시	주민자치센터운영(사랑의김장나누기)	4	4,000	1	4	7	8	7	1	1	4	4	4	4	4	4
608	강원 태백시	어린이·사회복지 급식관리지원센터 운영	11	250,000	4	2	5	3	7	1	3	3	4	4	4	4	4
609	강원 태백시	장애인직업재활시설 운영지원	11	1,219,536	4	1	5	5	7	1	1	1	1	3	2	1	3
610	강원 태백시	장애인 주간보호시설 운영지원	11	99,744	4	1	7	5	7	1	1	1	1	3	2	1	3
611	강원 태백시	근로자종합복지관 운영	11	71,240	4	5	1	3	1	1	1	4	5	5	4	4	4
612	강원 태백시	태백문화의 집 운영	11	74,740	4	4	1	2	2	1	1	1	3	1	1	1	1
613	강원 태백시	폐기물 소각시설 운영	11	3,000,000	4	7	1	3	2	2	1	4	5	5	4	4	4
614	강원 태백시	도시재생지원센터 운영	1	297,792	4	1	1	2	1	1	1	3	1	1	1	2	4
615	강원 태백시	기초형 정신건강증진센터 운영	11	51,100	4	2	1	2	1	5	3	3	1	1	3	4	4
616	강원 횡성군	사회적경제 지원센터 운영	3	300,000	4	4	1	3	1	1	1	3	3	1	1	4	4
617	강원 횡성군	어린이급식관리지원센터운영(국고)	11	118,600	4	2	7	8	7	2	3	1	1	3	2	4	4
618	강원 영월군	지역자활센터운영지원	10	324,076	5	1	5	1	7	1	1	1	1	3	2	1	3
619	강원 영월군	영월군 지역역량강화	2	210,000	1	2	5	1	7	1	1	4	5	5	4	4	4
620	강원 영월군	농촌신활력플러스사업	11	934,000	1	4	7	8	7	5	5	4	5	5	4	4	4
621	강원 영월군	영월군사회적경제지원센터 운영	3	192,000	4	4	6	3	6	1	1	1	1	1	1	1	1
622	강원 영월군	폐광지역 걷는 길(운탄고도) 통합안내센터 운영	11	400,000	8	5	4	3	2	1	2	3	5	5	4	4	4
623	강원 영월군	폐광지역 관광생태계 구축	11	200,000	7	4	7	8	7	1	1	3	5	5	4	4	4
624	강원 평창군	관내 학교급식 식재료 차액 위탁비	11	50,000	8	4	5	3	7	1	1	1	1	3	2	1	2
625	강원 평창군	시군역량강화사업	2	400,000	4	2	4	3	7	5	3	3	3	1	1	4	4
626	강원 평창군	농촌협약사업	2	10,000	4	4	4	3	7	1	1	3	3	1	1	4	4
627	강원 평창군	임산물 클러스터 가공유통센터	11	21,710	4	4	6	3	7	1	1	2	5	5	1	2	4
628	강원 정선군	시군역량강화사업	11	299,550	4	1	7	8	7	1	3	1	1	1	1	4	4
629	강원 정선군	지역자활센터 운영	10	408,372	5	1	4	1	7	1	1	1	4(2년)	4	3	1	3
630	강원 정선군	도시재생사업	1	616,206	4	1	2	3	1	1	1	3	3	1	1	4	4
631	강원 철원군	자활지역센터	10	328,740	5	2	7	8	7	3	2	1	1	3	1	4	4
632	충청북도	창업보육센터운영 활성화	5	14,000	1	2	7	8	7	5	5	1	1	1	1	1	1
633	충청북도	창업보육센터운영 활성화	5	10,000	1	2	7	8	7	5	5	1	1	1	1	1	1

순번	시군구	지출명 (사업명)	중간지원조직 위탁형태 1. 도시재생지원센터 2. 마을만들기센터 (농촌활성화센터 등) 3. 사회적경제지원센터 4. 주민자치센터 5. 창업지원센터 6. NPO지원센터 7. 협동조합지원센터 8. 혁신센터 9. 청년센터 10. 지역자활센터	2025년예산 (단위:천원/1년간)	민간이전 분류 (지방자치단체 세출예산 집행기준에 의거) 1. 민간경상사업보조(307-02) 2. 민간단체 법정운영비보조(307-03) 3. 민간행사사업보조(307-04) 4. 민간위탁금(307-05) 5. 사회복지시설 법정운영비보조(307-10) 6. 사회복지사업보조(307-11) 7. 민간인위탁교육비(307-12) 8. 공기관등에대한경상적위탁사업비(308-13) 9. 공사공단 경상전출금(309-01)	민간이전지출 근거 (지방보조금 관리기준 참고) 1. 법률에 규정 2. 국고보조 재원(국가지정) 3. 용도 지정 기부금 4. 조례에 직접규정 5. 지자체가 권장하는 사업을 하는 공공기관 6. 시,도 정책 및 재정사정 7. 기타 8. 해당없음	입찰방식 계약체결방법 (경쟁형태) 1. 일반경쟁 2. 제한경쟁 3. 지명경쟁 4. 수의계약 5. 법정위탁 6. 기타 ( ) 7. 해당없음	입찰방식 계약기간 1. 1년 2. 2년 3. 3년 4. 4년 5. 5년 6. 기타 ( )년 7. 단기계약 (1년미만) 8. 해당없음	입찰방식 낙찰자선정방법 1. 적격심사 2. 협상에의한계약 3. 최저가낙찰제 4. 규격가격분리 5. 2단계 경쟁입찰 6. 기타 ( ) 7. 해당없음	운영예산 산정 운영비산정 1. 내부산정 (지자체 자체적으로 산정) 2. 외부산정 (외부전문기관위탁 산정) 3. 내·외부 모두 산정 4. 산정 無 5. 해당없음	운영예산 산정 정산방법 1. 내부정산 (지자체 내부적으로 정산) 2. 외부정산 (외부전문기관위탁 정산) 3. 내·외부 모두 산정 4. 정산 無 5. 해당없음	성과평가 성과평가 실시여부 1. 실시 2. 미실시 3. 향후 추진 4. 해당없음	성과평가 성과평가 주기 1. 매년 2. 격년 3. 기간만료전 4. 기타 ( ) 5. 해당없음	성과평가 성과평가 실시 방법 1. 자체 실시 2. 평가단 구성 후 실시 (전문위원 섭외) 3. 전문 평가기관 의뢰 4. 기타 ( ) 5. 해당없음	성과평가 평가기준 적용방법 1. 관련 조례 적용 2. 전문 평가기관 의뢰 3. 기타 ( ) 4. 해당없음	평가결과 적용 실제 인센티브 및 페널티 적용여부 1. 매년 적용 2. 적용 안함 3. 기타 ( ) 4. 해당없음	평가결과 적용 인센티브 및 페널티 적용근거 1. 조례 2. 계약서 3. 기타 ( ) 4. 해당없음
634	충청북도	여성기업 육성 및 지원	11	37,000	1	4	7	8	7	1	1	1	1	1	1	1	1
635	충청북도	충북 환경교육센터 운영	11	150,000	4	4	6	3	6	1	1	4	5	5	4	4	4
636	충청북도	충청북도 환경보건센터 운영지원	11	532,000	1	2	6	5	6	1	3	1	1	1	1	1	1
637	충청북도	충청북도 도시재생지원센터 운영 지원	1	295,400	4	4	6	3	7	1	1	4	5	5	4	4	4
638	충청북도	충청북도시민사회지원센터 위탁운영비	11	369,461	3	4	2	3	1	1	1	1	3	1	4	4	4
639	충청북도	충북 청년여성 희망일터 지원사업	11	260,000	1	4	7	8	7	1	1	1	1	1	1	1	1
640	충청북도	충북여성인턴제(징검다리사업) 운영	11	34,000	1	4	7	8	7	1	1	1	1	1	1	1	1
641	충청북도	충북 청년희망센터 운영	9	617,002	8	4	7	8	7	1	1	1	1	3	1	1	2
642	충청북도	마을기업 육성사업	3	310,000	4	7	1	2	2	1	1	4	5	5	4	4	4
643	충북 청주시	도시재생지원센터 운영	1	1,034,250	4	4	4	1	7	1	1	1	3	2	3	3	1
644	충북 청주시	자활센터 운영	4	863,589	5	2	6	8	7	5	1	1	1	2	3	1	3
645	충북 충주시	청년센터 운영	9	207,000	4	5	7	8	7	5	5	4	5	5	4	4	4
646	충북 충주시	지역자활센터 운영비	10	414,349	5	1	5	5	6	5	1	3	3	2	3	3	3
647	충북 충주시	창업보육센터 지원	5	20,000	1	2	7	8	7	3	3	4	4	4	4	4	4
648	충북 충주시	창업보육센터 지원	5	20,000	1	2	7	8	7	3	3	4	4	4	4	4	4
649	충북 충주시	창업중심대학 지원	5	50,000	1	2	7	8	7	3	3	4	4	4	4	4	4
650	충북 충주시	지역역량강화	2	400,000	4	2	1	3	2	1	1	3	3	1	4	4	4
651	충북 제천시	여성새로일하기센터운영	3	219,432	5	2	7	8	7	1	1	4	5	5	4	4	4
652	충북 제천시	여성새로일하기센터운영	3	70,850	6	2	7	8	7	1	1	4	5	5	4	4	4
653	충북 제천시	청소년스터디카페운영	11	89,000	4	4	5	3	7	1	1	4	5	5	4	4	4
654	충북 제천시	제천시청 직장어린이집 민간위탁운영	11	482,000	4	1	4	5	1	1	1	2	5	5	4	4	4
655	충북 제천시	종합사회복지관 운영	11	887,930	4	4	4	5	1	1	1	1	3	1	1	3	1
656	충북 제천시	어린이급식관리지원센터 운영	11	315,000	4	1	1	3	1	1	1	1	1	1	1	1	1
657	충북 제천시	사회복지급식관리지원센터 운영	11	100,000	4	1	1	3	1	1	1	1	1	1	1	1	1
658	충북 제천시	제천향교 유학아카데미 운영	11	20,000	1	6	7	8	7	1	1	4	5	5	4	4	4
659	충북 제천시	어린이교통체험학습장운영	11	78,000	4	4	6	3	6	1	1	1	1	1	1	1	1
660	충북 제천시	기적의도서관 운영	11	625,000	4	4	1	5	1	1	1	1	1	1	1	4	4
661	충북 제천시	제천시 동물보호센터 운영	11	283,000	4	4	4	3	1	1	1	1	3	1	1	4	1
662	충북 옥천군	마을공동체 지원센터 운영	11	261,613	4	4	2	3	2	2	1	1	3	2	3	3	3
663	충북 옥천군	마을공동체 지원센터 운영	11	261,613	4	4	2	3	2	2	1	1	3	2	3	3	3
664	충북 옥천군	옥천마을포럼사업	2	50,000	4	4	2	3	2	2	1	3	3	1	1	4	4
665	충북 옥천군	시군역량강화사업	2	400,000	4	2	2	3	2	2	1	3	3	1	1	4	4
666	충북 옥천군	옥천읍 농촌중심지활성화사업 역량강화	2	435,500	4	2	2	3	2	2	1	3	3	1	1	4	4
667	충북 옥천군	동이면 기초생활거점조성사업 역량강화	2	102,000	4	2	2	3	2	2	1	3	3	1	1	4	4
668	충북 옥천군	청산면 기초생활거점조성사업 역량강화	2	126,000	4	2	2	3	2	2	1	3	3	1	1	4	4
669	충북 옥천군	이원면 기초생활거점조성사업 역량강화	2	136,000	4	2	2	3	2	2	1	3	3	1	1	4	4
670	충북 옥천군	군서면 기초생활거점조성사업 역량강화	2	115,000	4	2	2	3	2	2	1	3	3	1	1	4	4
671	충북 옥천군	옥천군 마을만들기사업 역량강화	2	90,000	4	4	2	3	2	2	1	3	3	1	1	4	4
672	충북 옥천군	농촌신활력플러스사업	11	487,520	4	2	2	4	2	2	1	3	3	1	1	4	4
673	충북 영동군	영동군 지역활성화센터 운영	2	643,808	4	4	2	3	1	1	1	3	3	2	3	4	4
674	충북 영동군	자활근로사업	10	808,697	4	2	5	1	7	5	1	1	2	3	2	3(4년 주기)	3(법률)
675	충북 증평군	자활근로	10	915,788	6	2	6	1	7	1	1	1	1	1	1	4	4
676	충북 증평군	지역자활센터 운영	10	273,280	5	2	6	1	7	1	1	1	1	1	1	4	4
677	충북 증평군	지역자활센터 활성화 지원	10	14,580	6	4	6	1	7	1	1	1	1	1	1	4	4
678	충북 증평군	자활사례관리 지원	10	15,871	5	2	6	1	7	1	1	1	1	1	1	4	4
679	충북 증평군	시군역량강화사업 농촌창의사업 중간지원조직 운영	2	678,540	4	2	6	1	6	1	1	4	5	5	4	4	4
680	충북 증평군	중간지원조직 운영	11	694,766	4	4	1	1	1	1	1	1	1	1	1	4	4
681	충북 증평군	지역자활센터운영	10	267,534	5	2	6	1	7	1	1	1	1	1	1	4	4
682	충북 괴산군	자활근로사업	10	777,034	4	1	4	1	7	3	1	1	1	1	4	4	4

순번	시군구	지출명 (사업명)	중간지원조직 위탁형태 1. 도시재생지원센터 2. 마을만들기센터 (농촌활성화센터 등) 3. 사회적경제지원센터 4. 주민자치센터 5. 창업지원센터 6. NPO지원센터 7. 협동조합지원센터 8. 혁신센터 9. 청년센터 10. 지역자활센터	2025년예산 (단위:천원/1년간)	민간이전 분류 (지방자치단체 세출예산 집행기준에 의거) 1. 민간경상사업보조(307-02) 2. 민간단체 법정운영비보조(307-03) 3. 민간행사사업보조(307-04) 4. 민간위탁금(307-05) 5. 사회복지시설 법정운영비보조(307-10) 6. 사회복지사업보조(307-11) 7. 민간인위탁교육비(307-12) 8. 공기관등에대한경상적위탁사업비(308-13) 9. 공사공단 경상전출금(309-01)	민간이전지출 근거 (지방보조금 관리기준 참고) 1. 법률에 규정 2. 국고보조 재원(국가지정) 3. 용도 지정 기부금 4. 조례에 직접규정 5. 지자체가 권장하는 사업을 하는 공공기관 6. 시,도 정책 및 재정사정 7. 기타 8. 해당없음	입찰방식 계약체결방법 (경쟁형태) 1. 일반경쟁 2. 제한경쟁 3. 지명경쟁 4. 수의계약 5. 법정위탁 6. 기타 ( ) 7. 해당없음	입찰방식 계약기간 1. 1년 2. 2년 3. 3년 4. 4년 5. 5년 6. 기타 ( )년 7. 단기계약 (1년미만) 8. 해당없음	입찰방식 낙찰자선정방법 1. 적격심사 2. 협상에의한계약 3. 최저가낙찰제 4. 규격가격분리 5. 2단계 경쟁입찰 6. 기타 ( ) 7. 해당없음	운영예산 산정 운영비산정 1. 내부산정 (지자체 자체적으로 산정) 2. 외부산정 (외부전문기관위탁 산정) 3. 내·외부 모두 산정 4. 산정 無 5. 해당없음	운영예산 산정 정산방법 1. 내부정산 (지자체 내부적으로 정산) 2. 외부정산 (외부전문기관위탁 정산) 3. 내·외부 모두 산정 4. 정산 無 5. 해당없음	성과평가 성과평가 실시여부 1. 실시 2. 미실시 3. 향후 추진 4. 해당없음	성과평가 성과평가 주기 1. 매년 2. 격년 3. 기간만료전 4. 기타 ( ) 5. 해당없음	성과평가 성과평가 실시 방법 1. 자체 실시 2. 평가단 구성 후 실시 (전문위원 섭외) 3. 전문 평가기관 의뢰 4. 기타 ( ) 5. 해당없음	성과평가 평가기준 적용방법 1. 관련 조례 적용 2. 전문 평가기관 의뢰 3. 기타 ( ) 4. 해당없음	평가결과 적용 실제 인센티브 및 페널티 적용여부 1. 매년 적용 2. 적용 안함 3. 기타 ( ) 4. 해당없음	평가결과 적용 인센티브 및 페널티 적용근거 1. 조례 2. 계약서 3. 기타 ( ) 4. 해당없음
683	충북 괴산군	시군역량강화사업	2	300,000	4	7	5	2	1	1	1	1	1	1	3	1	3
684	충북 괴산군	농촌중심지활성화사업	2	200,000	4	7	5	2	1	1	1	1	1	1	3	1	3
685	충북 단양군	시군경쟁력강화사업 육성사업	11	43,636	8	4	7	8	7	1	1	4	5	5	4	4	4
686	충북 단양군	지역업체 경쟁력 강화지원사업	11	5,400	1	4	7	8	7	1	1	4	5	5	4	4	4
687	충북 단양군	CCU 기업지원 포럼개최	11	100,000	8	4	7	8	7	1	1	4	5	5	4	4	4
688	충북 단양군	대한민국 중소기업 박람회 참가지원	11	30,000	3	1	7	8	7	5	5	4	5	5	4	4	4
689	충북 단양군	충북조달박람회	11	6,600	1	4	7	8	7	1	1	4	5	5	4	4	4
690	충북 단양군	청년창업 지원사업(기타경비)	11	42,000	1	4	7	8	7	1	1	4	5	5	4	4	4
691	충북 단양군	청년창업 통합 홍보마케팅	11	20,000	8	4	4	7	7	1	1	4	5	5	4	4	4
692	충북 단양군	일자리종합지원센터 운영	11	150,000	4	4	6	2	6	1	1	3	1	1	1	3	1
693	충북 단양군	시군구 연고산업 육성사업	11	60,000	8	2	7	2	7	1	1	4	5	5	4	4	4
694	충북 단양군	청년 연합회 화합행사	11	7,200	3	4	7	8	7	1	1	4	5	5	4	4	4
695	충북 단양군	자활근로사업	10	752,523	5	2	7	8	7	5	1	1	2	4	3	1	3
696	충북 음성군	청년지원센터 운영	9	499,000	3	4	6	8	7	1	1	4	5	5	4	4	4
697	충북 음성군	음성군 지역활성화지원센터 민간위탁	1	546,000	4	4	1	3	1	2	1	1	3	2	3	4	1
698	충청남도	충청남도 청년센터 운영	9	440,000	3	4	7	6	7	5	1	1	3	1	1	4	4
699	충청남도	광역새일센터 지정운영	11	517,574	3	2	7	8	7	4	3	1	1	2	2	1	1
700	충청남도	아이돌봄광역지원센터 운영	11	580,440	2	1	6	3	7	2	1	2	5	5	4	4	4
701	충청남도	충청남도 가족센터	11	459,600	4	6	6	3	6	1	1	1	1	1	3	3	2
702	충남 천안시	천안시사회적경제지원센터운영	3	305,000	4	4	4	2	1	1	1	1	3	1	1	4	4
703	충남 천안시	청년센터 운영	9	1,021,000	4	4	2	2	2	1	1	1	1	1	3	3	4
704	충남 천안시	천안 NGO 센터 운영	11	364,000	4	4	2	3	6	1	1	1	3	1	1	3	1
705	충남 천안시	천안시마을공동체지원센터	2	793,913	4	4	4	3	1	1	3	1	3	1,2	1	4	4
706	충남 천안시	도시재생지원센터 위탁운영	1	659,110	4	4	1	2	6	1	1	1	3	2	1	4	4
707	충남 공주시	청년센터 운영	9	466,172	4	4	1	3	1	1	1	1	3	1	1	1	1
708	충남 공주시	중학동마을관리사회적협동조합 초기사업비(3차_사업비보조)	1	10,000	[illegible]	4	7	8	7	5	5	4	5	5	4	4	4
709	충남 공주시	중학동마을관리사회적협동조합 초기사업비(3차_운영비)	1	15,000	2	4	7	8	7	5	5	4	5	5	4	4	4
710	충남 당진시	여성청소년 자치센터 위탁운영	11	63,480	4	4	4	5	1	1	1	2	5	5	5	4	5
711	충남 당진시	지역자활센터 운영	10	393,993	5	2	7	8	7	5	5	4	5	5	4	4	4
712	충남 당진시	중장년 기술창업센터 운영	5	100,000	4	4	7	7	7	1	1	4	4	4	4	4	4
713	충남 당진시	일반농산어촌개발사업 완료지구 지원(금초, 솔뫼 등)	2	245,000	4	4	6	5	6	1	1	3	3	1	1	3	1
714	충남 당진시	농촌활성화지원센터 위탁 농어촌마을 현장포럼 (전환)	2	35,800	4	4	6	5	6	1	1	3	3	1	1	3	1
715	충남 당진시	농촌 신활력플러스사업추진단 인건비	2	157,218	4	4	6	4	6	2	1	3	3	3	1	3	1
716	충남 당진시	농촌활성화지원센터 위탁 시군역량강화	2	229,000	4	4	6	5	6	1	1	3	3	1	1	3	1
717	충남 당진시	농촌활성화지원센터 위탁 마을만들기 중간지원조직 운영	2	255,000	4	4	6	5	6	1	1	3	3	1	1	3	1
718	충남 당진시	농촌활성화지원센터 위탁 농촌협약 운영경비	2	48,000	4	4	6	5	6	1	1	3	3	1	1	3	1
719	충남 당진시	농촌활성화지원센터 위탁 농촌협약 활동비	2	198,720	4	4	6	5	6	1	1	3	3	1	1	3	1
720	충남 당진시	농촌활성화지원센터 위탁 운영 인건비	2	570,000	4	4	6	5	6	1	1	3	3	1	1	3	1
721	충남 당진시	농촌활성화지원센터 위탁 운영 사업비	2	440,000	4	4	6	5	6	1	1	3	3	1	1	3	1
722	충남 당진시	농촌활성화지원센터 위탁 운영비	2	57,120	4	4	6	5	6	1	1	3	3	1	1	3	1
723	충남 당진시	탄소중립 마을공동체 지원사업	11	7,400	1	4	6	1	7	5	1	3	3	1	1	2	1
724	충남 당진시	여성청소년 자치센터 위탁운영	11	67,188	4	7	4	5	1	1	1	2	5	5	4	4	4
725	충남 논산시	지역자활센터운영	10	308,740	5	1	7	8	7	1	1	4	5	5	4	4	4
726	충남 논산시	지역자활센터운영	10	38,151	6	1	7	8	7	1	1	4	5	5	4	4	4
727	충남 논산시	청년꿈키움광장 운영	9	40,000	8	4	7	8	7	5	5	4	5	5	4	4	4
728	충남 논산시	가족센터 운영	11	1,069,756	4	1	7	3	7	3	3	1	3	2	2	2	4
729	충남 논산시	특별교통수단이동지원센터위탁운영	11	1,433,265	4	1	5	3	6	1	3	1	3	1	1	3	1
730	충남 논산시	사회적경제통합지원센터 민간위탁	3	755,112	4	4	1	2	(수탁기관선정심사위원회	1	1	1	1	1	3	4	4
731	충남 논산시	자활근로사업	10	1,894	4	1	5	3	1	1	3	4	5	5	4	4	4

순번	시군구	지출명 (사업명)	중간지원조직 위탁형태 1. 도시재생지원센터 2. 마을만들기센터 (농촌활성화센터 등) 3. 사회적경제지원센터 4. 주민자치센터 5. 창업지원센터 6. NPO지원센터 7. 협동조합지원센터 8. 혁신센터 9. 청년센터 10. 지역자활센터	2025년예산 (단위:천원/1년간)	민간이전 분류 (지방자치단체 세출예산 집행기준에 의거) 1. 민간경상사업보조(307-02) 2. 민간단체 법정운영비보조(307-03) 3. 민간행사사업보조(307-04) 4. 민간위탁금(307-05) 5. 사회복지시설 법정운영비보조(307-10) 6. 사회복지사업보조(307-11) 7. 민간인위탁교육비(307-12) 8. 공기관등에대한경상적위탁사업비(308-13) 9. 공사공단 경상전출금(309-01)	민간이전지출 근거 (지방보조금 관리기준 참고) 1. 법률에 규정 2. 국고보조 재원(국가지정) 3. 용도 지정 기부금 4. 조례에 직접규정 5. 지자체가 권장하는 사업을 하는 공공기관 6. 시,도 정책 및 재정사정 7. 기타 8. 해당없음	입찰방식			운영예산 산정		성과평가				평가결과 적용	
							계약체결방법 (경쟁형태) 1. 일반경쟁 2. 제한경쟁 3. 지명경쟁 4. 수의계약 5. 법정위탁 6. 기타 ( ) 7. 해당없음	계약기간 1. 1년 2. 2년 3. 3년 4. 4년 5. 5년 6. 기타 ( )년 7. 단기계약 (1년미만) 8. 해당없음	낙찰자선정방법 1. 적격심사 2. 협상에의한계약 3. 최저가낙찰제 4. 규격가격분리 5. 2단계 경쟁입찰 6. 기타 ( ) 7. 해당없음	운영비산정 1. 내부산정 (지자체 자체적으로 산정) 2. 외부산정 (외부전문기관위탁 산정) 3. 내·외부 모두 산정 4. 산정 無 5. 해당없음	정산방법 1. 내부정산 (지자체 내부적으로 정산) 2. 외부정산 (외부전문기관위탁 정산) 3. 내·외부 모두 산정 4. 정산 無 5. 해당없음	성과평가 실시여부 1. 실시 2. 미실시 3. 향후 추진 4. 해당없음	성과평가 주기 1. 매년 2. 격년 3. 기간만료전 4. 기타 ( ) 5. 해당없음	성과평가 실시 방법 1. 자체 실시 2. 평가단 구성 후 실시 (전문위원 섭외) 3. 전문 평가기관 의뢰 4. 기타 ( ) 5. 해당없음	평가기준 적용방법 1. 관련 조례 적용 2. 전문 평가기관 의뢰 3. 기타 ( ) 4. 해당없음	실제 인센티브 및 페널티 적용여부 1. 매년 적용 2. 적용 안함 3. 기타 ( ) 4. 해당없음	인센티브 및 페널티 적용근거 1. 조례 2. 계약서 3. 기타 ( ) 4. 해당없음
732	충남 논산시	지역자활센터운영	10	374,872	5	1	7	8	7	1	1	4	5	5	4	4	4
733	충남 논산시	지역자활센터운영	10	39,296	6	1	7	8	7	1	1	4	5	5	4	4	4
734	충남 논산시	가족센터 운영	11	697,780	4	1	7	3	7	3	3	1	3	2	2	2	4
735	충남 논산시	다문화가족 특성화사업	11	268,985	4	1	7	3	7	3	3	1	3	2	2	2	4
736	충남 논산시	가족희망드림 지원	11	94,912	4	1	7	3	7	3	3	1	3	2	2	2	4
737	충남 논산시	다문화어울림사업	11	108,666	4	1	7	3	7	3	3	1	3	2	2	2	4
738	충남 논산시	세대공감희망나누기	11	15,000	4	1	7	3	7	3	3	1	3	2	2	2	4
739	충남 금산군	자활근로사업	10	1,254,790	4	1	5	1	1	1	3	3	1	1	1	1	1
740	충남 부여군	주민자치센터 기능 지원	4	168,000	1	4	7	7	7	1	1	1	1	1	1	4	4
741	충남 부여군	부여형 주민자치회 특화사업	4	280,000	1	4	7	7	7	1	1	1	1	1	1	4	4
742	충남 부여군	홍산면 주민자치 특화사업	4	20,000	1	4	7	7	7	1	1	1	1	1	1	4	4
743	충남 부여군	부여읍 주민자치 특화사업	4	30,000	1	4	7	7	7	1	1	1	1	1	1	4	4
744	충남 부여군	찾아가는 주민자치활동 지원(양화면)	4	20,000	1	4	7	7	7	1	1	1	1	1	1	4	4
745	충남 부여군	내산면 주민자치활동 지원사업	4	10,000	1	4	7	7	7	1	1	1	1	1	1	4	4
746	충남 부여군	임천면 주민자치활동 지원사업	4	10,000	1	4	7	7	7	1	1	1	1	1	1	4	4
747	충남 부여군	우수 주민자치회 인센티브	4	10,000	1	4	6	7	7	1	1	1	1	1	1	4	4
748	충남 부여군	2025년 충청남도 주민자치회 제안사업(부여읍,세도면,석성면)	4	24,000	1	4	7	7	7	1	1	1	1	1	1	4	4
749	충남 부여군	주민자치센터 프로그램 물품지원(충화면,구룡면,남면)	4	10,000	1	4	7	7	7	1	1	1	1	1	1	4	4
750	충남 청양군	중간지원조직 지원사업	2	255,000	8	4	7	8	7	1	1	4	5	5	4	4	4
751	충남 청양군	시군역량강화사업	2	400,000	8	4	7	8	7	1	1	4	5	5	4	4	4
752	충남 청양군	주민주도마을역량강화사업	2	16,000	8	4	7	8	7	1	1	4	5	5	4	4	4
753	충남 청양군	신규 매장 임대 운영	11	300,000	8	4	7	8	7	1	1	4	5	5	4	4	4
754	충남 청양군	청양먹거리직매장 마일리지 제도	11	10,000	8	4	7	8	7	1	1	4	5	5	4	4	4
755	충남 청양군	푸드플랜 구축지원(안전품질 관리)	11	50,000	8	4	7	8	7	1	1	4	5	5	4	4	4
756	충남 청양군	농촌협약지원센터 운영	11	96,156	8	4	7	3	7	1	1	4	5	5	4	4	4
757	충남 청양군	사회적경제 네트워크 활성화(상생투어)	3	20,000	1	7	7	8	7	1	1	1	1	1	1	1	3
758	충남 청양군	사회적경제활성화 아카데미	8	20,000	8	4	7	8	7	1	1	4	5	5	4	4	4
759	충남 청양군	사회적경제 오프라인 판로개척 지원	8	20,000	8	4	7	8	7	1	1	4	5	5	4	4	4
760	충남 청양군	사회적기업 고도화 지원사업	8	19,200	8	4	7	8	7	1	1	4	5	5	4	4	4
761	충남 청양군	사회적경제 창업경진대회	8	108,000	8	4	7	8	7	1	1	4	5	5	4	4	4
762	충남 청양군	자활근로, 지역자활센터 및 광역자활센터운영(자활근로)	10	780,790	4	1	7	1	7	1	1	1	1	1	1	4	4
763	충남 청양군	자활근로, 지역자활센터 및 광역자활센터운영(자활센터운영)	10	273,280	5	1	7	1	7	1	1	1	1	1	1	4	4
764	충남 홍성군	자활근로사업	10	1,817,967	4	1	5	1	7	5	3	4	4	5	4	4	4
765	충남 홍성군	지역자활센터 운영	10	379,498	5	2	7	8	7	5	5	4	5	5	4	4	4
766	충남 홍성군	푸드마켓 운영지원	11	62,200	2	1	5	1	7	5	3	4	4	5	4	1	1
767	충남 홍성군	자원봉사센터 운영	11	220,000	3	1	5	1	7	5	3	4	4	5	4	1	1
768	충남 홍성군	가족봉사단 육성사업 지원	11	10,000	6	1	5	1	7	5	3	4	4	5	4	1	1
769	충남 홍성군	읍면 자원봉사 거점캠프 운영	11	60,000	1	1	5	1	7	5	3	4	4	5	4	1	1
770	충남 홍성군	자원봉사센터 운영 등	11	99,797	2	1	5	1	7	5	3	4	4	5	4	1	1
771	충남 홍성군	도시재생지원센터운영	1	520,000	4	4	6	2	6	1	1	1	3	1	1	3	3
772	충남 홍성군	홍성군 마을만들기 중간지원조직 운영	2	545,410	4	1	1	3	1	1	1	3	3	1	3	2	4
773	충남 예산군	마을만들기 중간조직지원	2	640,000	4	4	1	3	1	1	3	1	1	1	1	4	4
774	충남 태안군	지역자활센터 운영	10	334,076	4	2	1	1	1	1	1	1	1	3	2	1	3(지침)
775	전북특별자치도	전북청년허브센터 운영	9	600,000	8	4	6	1	7	1	1	1	1	2	1	1	1
776	전북특별자치도	위탁사업(농어촌종합지원센터운영)	2	2,500,000	4	4	2	3	1	1	2	1	1	3	2	4	4
777	전북 전주시	도시재생지원센터 운영	1	723,820	4	4	7	8	7	1	1	1	3	3	2	2	1
778	전북 전주시	전주시 지역소통협력센터 운영	3	1,104,772	4	4	7	8	7	1	1	1	3	2	2	1	1
779	전북 전주시	지역자활센터 운영지원	10	1,154,952	4	1	7	8	7	1	1	1	2	4	4	3	3
780	전북 전주시	전주시 가족센터 운영	11	14,844,165	5	1	1	5	6	1	1	1	1	4	3	1	3

순번	시군구	지출명 (사업명)	중간지원조직 위탁형태 1. 도시재생지원센터 2. 마을만들기센터 (농촌활성화센터 등) 3. 사회적경제지원센터 4. 주민자치센터 5. 창업지원센터 6. NPO지원센터 7. 협동조합지원센터 8. 혁신센터 9. 청년센터 10. 지역자활센터	2025년예산 (단위:천원/1년간)	민간이전 분류 (지방자치단체 세출예산 집행기준에 의거) 1. 민간경상사업보조(307-02) 2. 민간단체 법정운영비보조(307-03) 3. 민간행사사업보조(307-04) 4. 민간위탁금(307-05) 5. 사회복지시설 법정운영비보조(307-10) 6. 사회복지사업보조(307-11) 7. 민간인위탁교육비(307-12) 8. 공기관등에대한경상적위탁사업비(308-13) 9. 공사공단 경상전출금(309-01)	민간이전지출 근거 (지방보조금 관리기준 참고) 1. 법률에 규정 2. 국고보조 재원(국가지정) 3. 용도 지정 기부금 4. 조례에 직접규정 5. 지자체가 권장하는 사업을 하는 공공기관 6. 시,도 정책 및 재정사정 7. 기타 8. 해당없음	입찰방식: 계약체결방법 (경쟁형태) 1. 일반경쟁 2. 제한경쟁 3. 지명경쟁 4. 수의계약 5. 법정위탁 6. 기타 ( ) 7. 해당없음	입찰방식: 계약기간 1. 1년 2. 2년 3. 3년 4. 4년 5. 5년 6. 기타 ( )년 7. 단기계약 (1년미만) 8. 해당없음	입찰방식: 낙찰자선정방법 1. 적격심사 2. 협상에의한계약 3. 최저가낙찰제 4. 규격가격분리 5. 2단계 경쟁입찰 6. 기타 ( ) 7. 해당없음	운영예산 산정: 운영비산정 1. 내부산정 (지자체 자체적으로 산정) 2. 외부산정 (외부전문기관위탁 산정) 3. 내·외부 모두 산정 4. 산정 無 5. 해당없음	운영예산 산정: 정산방법 1. 내부정산 (지자체 내부적으로 정산) 2. 외부정산 (외부전문기관위탁 정산) 3. 내·외부 모두 산정 4. 정산 無 5. 해당없음	성과평가: 성과평가 실시여부 1. 실시 2. 미실시 3. 향후 추진 4. 해당없음	성과평가: 성과평가 주기 1. 매년 2. 격년 3. 기간만료전 4. 기타 ( ) 5. 해당없음	성과평가: 성과평가 실시 방법 1. 자체 실시 2. 평가단 구성 후 실시 (전문위원 섭외) 3. 전문 평가기관 의뢰 4. 기타 ( ) 5. 해당없음	성과평가: 평가기준 적용방법 1. 관련 조례 적용 2. 전문 평가기관 의뢰 3. 기타 ( ) 4. 해당없음	평가결과 적용: 실제 인센티브 및 패널티 적용여부 1. 매년 적용 2. 적용 안함 3. 기타 ( ) 4. 해당없음	평가결과 적용: 인센티브 및 패널티 적용근거 1. 조례 2. 계약서 3. 기타 ( ) 4. 해당없음
781	전북 군산시	사회적경제지원센터 운영	3	300,000	4	4	1	3	1	1	1	1	3	2	3	4	4
782	전북 군산시	청년센터 운영	9	995,000	4	4	2	2	1	1	2	1	1	2	1	3	1
783	전북 익산시	민원콜센터 운영	11	471,984	4	1	1	2	1	1	1	1	3	1	3	3	2
784	전북 정읍시	비정규직 노동자 지원센터 운영	11	133,354	4	4	2	2	1	1	1	1	1	2	1	2	4
785	전북 정읍시	청년지원센터 운영	9	309,368	4	4	1	2	1	1	1	1	3	2	2	3	1
786	전북 정읍시	어린이교통공원 운영	11	82,892	4	4	4	3	2	1	1	1	3	3	3	1	1
787	전북 정읍시	정신재활시설 운영비	11	392,530	5	6	7	8	7	5	5	4	5	5	4	4	4
788	전북 정읍시	기초정신건강복지센터 운영	11	51,100	4	2	1	3	1	3	3	1	3	2	2	3	3
789	전북 정읍시	정읍시 지역활력센터 민간위탁 운영	2	1,477,348	4	4	2	3	1	1	1	3	3	3	2	4	4
790	전북 남원시	시군 마을만들기 중간지원조직 구축사업	2	200,000	1	1	7	8	7	5	1	2	5	5	4	4	4
791	전북 남원시	농촌 찾아가는 사회서비스 활성화 지원사업	2	200,000	1	1	7	8	7	5	1	2	5	5	4	4	4
792	전북 남원시	농촌희망, 농촌활동가 육성지원사업	2	20,000	1	1	7	8	7	5	1	2	5	5	4	4	4
793	전북 남원시	시군역량강화사업	2	400,000	1	1	7	8	7	5	1	2	5	5	4	4	4
794	전북 남원시	농촌관광 프로그램 지원사업	2	60,000	1	1	7	8	7	5	1	2	5	5	4	4	4
795	전북 남원시	지역단위 농촌관광 사업	2	90,000	1	1	7	8	7	5	5	4	5	5	4	4	4
796	전북 김제시	시군 역량강화사업	2	300,000	1	4	7	8	7	5	5	4	5	5	4	4	4
797	전북 김제시	마을공동체미디어 활성화 지원사업	2	20,000	1	4	7	8	7	5	5	4	5	5	4	4	4
798	전북 완주군	마을통합마케팅지원단 운영	2	180,000	4	4	1	2	1	1	1	1	1	4	1	1	1
799	전북 진안군	마을만들기지원센터 운영	2	210,000	4	4	5	3	1	1	3	1	3	1	1	3	1
800	전북 진안군	시군 마을만들기 중간지원조직 구축 지원사업	2	200,000	1	4	4	1	6	1	1	1	1	1	1	3	1
801	전북 진안군	마을기술사업단 운영	2	40,000	1	4	4	1	6	1	1	1	1	1	1	3	1
802	전북 진안군	농촌희망 농촌활동가 육성지원사업	2	30,000	1	4	4	1	6	1	1	1	1	1	1	3	1
803	전북 진안군	진안고원 촌스런 마을여행 활성화	2	230,000	1	4	4	1	6	1	1	1	1	1	1	3	1
804	전북 진안군	농촌마을 현장포럼 운영	2	23,000	1	4	4	1	6	1	1	1	1	1	1	3	1
805	전북 진안군	진안군 역량강화사업	2	377,000	1	4	4	1	6	1	1	1	1	1	1	3	1
806	전북 진안군	시군 사회적경제 중간지원조직 구축 지원사업	3	260,000	4	4	1	3	1	1	3	1	3	1	1	1	1
807	전북 진안군	청년센터 운영	9	225,881	4	4	1	2	1	1	3	1	3	1	1	1	1
808	전북 무주군	도시재생사업	1	313,570	4	1	4	3	7	1	1	1	1	1	4	4	4
809	전북 장수군	장수군 풀뿌리 교육지원센터 운영	11	420,000	4	4	6	3	1	2	1	3	3	3	2	3	2
810	전북 순창군	마을만들기 중간지원조직 운영지원사업	2	180,000	1	6	1	2	2	3	1	1	1	4	3	1	3
811	전북 임실군	임실군 도시재생지원센터 운영	1	548,000	4	4	1	4	1	1	2	3	3	1	1	2	4
812	전북 고창군	사회적경제 중간지원조직 구축	3	138,000	4	4	1	3	1	1	1	3	5	5	4	4	4
813	전북 고창군	자활근로사업	10	2,083,213	4	2	5	1	6	3	3	1	1	4	3	1	3
814	전북 고창군	도시재생지원센터 운영(기초, 현장)	1	300,000	4	4	6	3	6	1	1	1	1	1	4	4	4
815	전북 고창군	시군 마을만들기 중간지원조직 구축사업	11	180,000	4	6	1	3	1	5	1	4	5	5	4	4	4
816	전북 고창군	마을공동체 미디어 활성화	11	20,000	1	6	7	8	7	5	1	4	5	5	4	4	4
817	전북 고창군	농촌 찾아가는 사회서비스 활성화	11	100,000	1	6	7	8	7	5	1	4	5	5	4	4	4
818	전북 고창군	농촌 희망, 활동가 육성 지원사업	11	20,000	1	6	7	8	7	5	1	4	5	5	4	4	4
819	전라남도	도시재생지원센터 운영	1	252,000	4	4	6	2	7	1	2	1	1	1	3	4	4
820	전라남도	전라남도청년센터 운영	9	430,000	8	4	7	8	7	1	1	4	5	5	4	4	4
821	전남 목포시	지역자활센터 운영지원	10	566,556	5	2	7	8	7	5	1	1	2	4	3	3	3
822	전남 여수시	새마을이동도서관	11	109,000	4	4	7	8	7	1	1	4	4	4	4	4	4
823	전남 나주시	행복학습센터운영지원사업	11	5,000	1	4	7	1	7	1	1	1	1	1	3	4	4
824	전남 나주시	자활근로사업	10	1,733,636	4	1	5	1	7	4	1	1	2	4(개발원)	3(개발원)	1	3(개발원)
825	전남 나주시	자활센터운영	10	379,498	5	1	5	1	7	4	1	1	2	4(개발원)	3(개발원)	1	3(개발원)
826	전남 광양시	어린이사회복지급식관리지원센터 운영	11	600,000	4	2	1	2	1	2	3	1	1	1	3	1	3
827	전남 담양군	자활사업(센터운영)	10	262,965	5	2	7	8	7	5	5	4	5	5	4	4	4
828	전남 고흥군	마을공동체 지원센터 운영	3	150,000	1	4	6	2	6	1	1	3	5	5	5	4	4
829	전남 화순군	자활센터운영	10	260,500	5	1	1	5	1	1	1	4	5	5	4	4	4

순번	시군구	지출명 (사업명)	중간지원조직 위탁형태 1. 도시재생지원센터 2. 마을만들기센터 (농촌활성화센터 등) 3. 사회적경제지원센터 4. 주민자치센터 5. 창업지원센터 6. NPO지원센터 7. 협동조합지원센터 8. 혁신센터 9. 청년센터 10. 지역자활센터	2025년예산 (단위:천원/1년간)	민간이전 분류 (지방자치단체 세출예산 집행기준에 의거) 1. 민간경상사업보조(307-02) 2. 민간단체 법정운영비보조(307-03) 3. 민간행사사업보조(307-04) 4. 민간위탁금(307-05) 5. 사회복지시설 법정운영비보조(307-10) 6. 사회복지사업보조(307-11) 7. 민간인위탁교육비(307-12) 8. 공기관등에대한경상적위탁사업비(308-13) 9. 공사공단 경상전출금(309-01)	민간이전지출 근거 (지방보조금 관리기준 참고) 1. 법률에 규정 2. 국고보조 재원(국가지정) 3. 용도 지정 기부금 4. 조례에 직접규정 5. 지자체가 권장하는 사업을 하는 공공기관 6. 시,도 정책 및 재정사정 7. 기타 8. 해당없음	입찰방식			운영예산 산정		성과평가				평가결과 적용	
							계약체결방법 (경쟁형태) 1. 일반경쟁 2. 제한경쟁 3. 지명경쟁 4. 수의계약 5. 법정위탁 6. 기타 ( ) 7. 해당없음	계약기간 1. 1년 2. 2년 3. 3년 4. 4년 5. 5년 6. 기타 ( )년 7. 단기계약 (1년미만) 8. 해당없음	낙찰자선정방법 1. 적격심사 2. 협상에의한계약 3. 최저가낙찰제 4. 규격가격분리 5. 2단계 경쟁입찰 6. 기타 ( ) 7. 해당없음	운영비산정 1. 내부산정 (지자체 자체적으로 산정) 2. 외부산정 (외부전문기관위탁 산정) 3. 내·외부 모두 산정 4. 산정 無 5. 해당없음	정산방법 1. 내부정산 (지자체 내부적으로 정산) 2. 외부정산 (외부전문기관위탁 정산) 3. 내·외부 모두 산정 4. 정산 無 5. 해당없음	성과평가 실시여부 1. 실시 2. 미실시 3. 향후 추진 4. 해당없음	성과평가 주기 1. 매년 2. 격년 3. 기간만료전 4. 기타 ( ) 5. 해당없음	성과평가 실시 방법 1. 자체 실시 2. 평가단 구성 후 실시 (전문위원 섭외) 3. 전문 평가기관 의뢰 4. 기타 ( ) 5. 해당없음	평가기준 적용방법 1. 관련 조례 적용 2. 전문 평가기관 의뢰 3. 기타 ( ) 4. 해당없음	실제 인센티브 및 패널티 적용여부 1. 매년 적용 2. 적용 안함 3. 기타 ( ) 4. 해당없음	인센티브 및 패널티 적용근거 1. 조례 2. 계약서 3. 기타 ( ) 4. 해당없음
830	경상북도	경상북도 도시재생지원센터 운영	1	320,000	4	4	6	3	6	1	1	1	3	1	1	3	1
831	경북 포항시	장애인종합복지관 운영	11	1,140,000	4	4	4	5	1	1	1	1	3	1	1	4	4
832	경북 포항시	장애인종합복지관 운영	11	1,140,000	4	4	4	5	1	1	1	1	3	1	1	4	4
833	경북 포항시	포항시니어클럽운영	11	360,000	5	1	5	5	6	1	1	2	5	5	4	4	4
834	경북 포항시	포항시니어클럽운영	11	360,000	5	1	5	5	6	1	1	2	5	5	4	4	4
835	경북 안동시	2024년 안동시 청년전용지식산업센터 운영위탁 사업	11	101,600	4	4	1	3	2	2	1	3	3	1	1	4	4
836	경북 구미시	창업보육센터 위탁운영	5	200,000	8	4	7	1	7	1	1	4	5	5	4	4	4
837	경북 구미시	구미산업기술정보센터 위탁운영	11	50,000	4	4	7	7	7	1	1	1	1	1	3	1	3
838	경북 구미시	시제품제작센터 위탁운영	11	145,000	8	4	7	7	7	1	1	1	1	1	3	1	3
839	경북 구미시	구미정신건강복지센터 운영	11	1,915,458	4	1	6	5	6	5	1	1	3	1	1	4	4
840	경북 구미시	구미중독관리통합지원센터 운영	11	344,870	4	1	6	5	6	5	1	1	3	1	1	4	4
841	경북 구미시	낙동강수상레포츠체험센터운영	11	208,000	4	4	4	3	1	1	1	1	1	1	4	4	4
842	경북 구미시	새마을이동도서관 운영	11	123,500	4	4	7	1	7	1	1	1	1	1	1	1	1
843	경북 구미시	구미종합사회복지관 운영	11	766,000	4	1	6	5	6	1	1	1	3	1	3	3	1
844	경북 구미시	금오종합사회복지관 운영	11	766,000	4	1	6	5	6	1	1	1	3	1	3	3	1
845	경북 구미시	구미종합사회복지관 특화사업(이동복지관)	11	40,000	4	1	7	1	7	1	1	1	1	1	1	1	1
846	경북 구미시	금오종합사회복지관 특화사업(이동복지관)	11	40,000	4	1	7	1	7	1	1	1	1	1	1	1	1
847	경북 구미시	기초푸드마켓운영	11	80,000	2	1	7	1	7	1	1	1	1	1	1	1	1
848	경북 구미시	한부모가족복지시설운영	11	166,408	5	1	7	8	7	1	1	4	5	5	4	4	4
849	경북 구미시	폭력피해이주여성보호시설운영	11	310,600	5	1, 2	7	8	7	1	1	4	5	5	4	4	4
850	경북 구미시	탄소중립지원센터운영	11	200,000	1	2	7	8	7	5	5	4	5	5	4	4	4
851	경북 구미시	노인교실운영	11	12,000	6	6	7	8	7	5	5	4	5	5	4	4	4
852	경북 영주시	사회적경제지원센터 운영	3	174,672	4	4	1	3	1	2	1	1	3	1	3	3	1
853	경북 경산시	경북살이 청년실험실 운영	11	300,000	1	6	1	2	1	3	3	3	1	1	3	2	4
854	경북 경산시	청색기술 선도연구센터	11	500,000	1	2	7	6	7	1	3	1	1	1	4	4	4
855	경북 경산시	라이프로그용 멀티모달 언택트센싱 선도연구센터	11	150,000	1	2	7	6	7	1	3	1	1	1	4	4	4
856	경북 의성군	행복의성지원센터 운영	11	2,119,684	4	5	5	1	7	3	1	4	4	5	4	4	4
857	경북 의성군	의성군탄소중립지원센터운영	11	250,000	1	4	2	3	2	1	1	1	1	2	3	1	3
858	경북 의성군	지역급식관리지원센터운영	11	168,600	2	1	7	8	7	5	2	1	1	4	3	1	3
859	경북 영양군	영양빛깔찬일자리지원센터	11	150,000	8	4	4	2	7	1	1	1	1	1	3	1	3
860	경북 영양군	영양빛깔찬일자리지원센터	11	80,000	8	4	4	2	7	1	1	1	1	1	3	1	3
861	경북 영덕군	창업허브센터 운영	5	800,000	4	4	7	8	7	1	2	3	1	3	2	3	4
862	경북 영덕군	영덕읍 주민자치센터 운영	4	66,025	2	4	5	1	7	1	1	3	5	5	4	4	4
863	경북 청도군	장애인종합지원센터운영	11	73,000	4	1	5	8	7	1	1	1	1	1	1	1	1
864	경북 고령군	지역자활센터운영	10	288,050	4	2	5	5	7	1	1	1	1	4	3	1	3
865	경북 울진군	읍면 평생학습센터 지정·운영	11	30,000	1	1	7	8	7	3	3	4	5	5	4	4	4
866	경북 울진군	도민대학 운영	11	60,000	4	6	2	7	1	3	3	4	5	5	4	4	4
867	경북 울진군	자원봉사센터운영	11	715,168	2	1	7	8	7	1	1	4	5	5	4	4	4
868	경북 울진군	생활체육 건강증진 교실사업 운영	11	60,000	1	1	7	8	7	1	1	4	5	5	4	4	4
869	경북 울진군	근남면 문화체육센터 운영	11	52,000	4	4	6	5	6	3	3	4	5	5	4	4	4
870	경북 울진군	장애인종합복지관운영	11	1,699,636	5	1	1	3	1	1	1	4	5	5	4	4	4
871	경북 울진군	장애인주간보호시설운영	11	222,949	5	1	1	3	1	1	1	4	5	5	4	4	4
872	경북 울진군	중증장애인자립지원센터운영	11	330,222	5	1	1	5	1	1	1	4	5	5	4	4	4
873	경북 울진군	수어통역센터운영	11	204,828	5	1	7	8	7	1	1	4	5	5	4	4	4
874	경북 울진군	장애인생활이동지원센터운영	11	199,417	5	1	7	8	7	1	1	4	5	5	4	4	4
875	경북 울진군	보훈회관 운영	11	85,836	2	1	7	8	7	1	1	4	5	5	4	4	4
876	경북 울진군	가족센터 운영	11	267,700	5	1	5	5	7	1	1	4	5	5	4	4	4
877	경북 울진군	울진아쿠아리움 운영	11	942,712	4	1, 4	2	5	2	2	1	4	5	5	4	4	4
878	경북 울진군	울진 왕피천 케이블카 운영	11	1,265,194	4	1, 4	2	2	2	2	1	4	5	5	4	4	4

순번	시군구	지출명 (사업명)	중간지원조직 위탁형태 1. 도시재생지원센터 2. 마을만들기센터 (농촌활성화센터 등) 3. 사회적경제지원센터 4. 주민자치센터 5. 창업지원센터 6. NPO지원센터 7. 협동조합지원센터 8. 혁신센터 9. 청년센터 10. 지역자활센터	2025년예산 (단위:천원/1년간)	민간이전 분류 (지방자치단체 세출예산 집행기준에 의거) 1. 민간경상사업보조(307-02) 2. 민간단체 법정운영비보조(307-03) 3. 민간행사사업보조(307-04) 4. 민간위탁금(307-05) 5. 사회복지시설 법정운영비보조(307-10) 6. 사회복지사업보조(307-11) 7. 민간인위탁교육비(307-12) 8. 공기관등에대한경상적위탁사업비(308-13) 9. 공사공단 경상전출금(3#9-01)	민간이전지출 근거 (지방보조금 관리기준 참고) 1. 법률에 규정 2. 국고보조 재원(국가지정) 3. 용도 지정 기부금 4. 조례에 직접규정 5. 지자체가 권장하는 사업을 하는 공공기관 6. 시,도 정책 및 재정사정 7. 기타 8. 해당없음	입찰방식 계약체결방법 (경쟁형태) 1. 일반경쟁 2. 제한경쟁 3. 지명경쟁 4. 수의계약 5. 법정위탁 6. 기타 () 7. 해당없음	입찰방식 계약기간 1. 1년 2. 2년 3. 3년 4. 4년 5. 5년 6. 기타 ()년 7. 단기계약 (1년미만) 8. 해당없음	입찰방식 낙찰자선정방법 1. 적격심사 2. 협상에의한계약 3. 최저가낙찰제 4. 규격가격분리 5. 2단계 경쟁입찰 6. 기타 () 7. 해당없음	운영예산 산정 운영비산정 1. 내부산정 (지자체 자체적으로 산정) 2. 외부산정 (외부전문기관위탁 산정) 3. 내·외부 모두 산정 4. 산정 無 5. 해당없음	운영예산 산정 정산방법 1. 내부정산 (지자체 내부적으로 정산) 2. 외부정산 (외부전문기관위탁 정산) 3. 내·외부 모두 산정 4. 정산 無 5. 해당없음	성과평가 성과평가 실시여부 1. 실시 2. 미실시 3. 향후 추진 4. 해당없음	성과평가 성과평가 주기 1. 매년 2. 격년 3. 기간만료전 4. 기타 () 5. 해당없음	성과평가 성과평가 실시 방법 1. 자체 실시 2. 평가단 구성 후 실시 (전문위원 섭외) 3. 전문 평가기관 의뢰 4. 기타 () 5. 해당없음	성과평가 평가기준 적용방법 1. 관련 조례 적용 2. 전문 평가기관 의뢰 3. 기타 () 4. 해당없음	평가결과 적용 실제 인센티브 및 페널티 적용여부 1. 매년 적용 2. 적용 안함 3. 기타 ( ) 4. 해당없음	평가결과 적용 인센티브 및 페널티 적용근거 1. 조례 2. 계약서 3. 기타 ( ) 4. 해당없음
879	경상남도	경상남도 도시재생지원센터 운영	1	400,000	8	1	7	3	7	1	1	1	3	1	1	4	4
880	창원특례시	청년비전센터 운영	9	600,000	8	1	5	2	7	1	1	3	1	1	1	1	1
881	창원특례시	창업지원센터 운영	11	163,000	8	5	5	1	7	1	1	1	1	1	3	4	4
882	창원특례시	1인창조기업지원센터 운영	11	200,000	8	2	5	1	7	1	1	1	1	1	3	4	4
883	창원특례시	C-블루윙 펀드 운영	11	47,000	8	5	5	1	7	1	1	1	1	1	3	4	4
884	창원특례시	미래인재양성 로봇체험교실 운영	11	50,000	8	6	7	1	7	1	1	1	1	1	4	4	4
885	창원특례시	소상공인 민원콜센터 운영	11	122,740	1	4	7	8	7	1	1	1	1	1	1	4	4
886	창원특례시	소상공인 법률상담지원단 운영	11	76,800	1	4	7	8	7	1	1	1	1	1	1	4	4
887	창원특례시	시장공영주차장 관리 운영(명서시장 외 16개소)	11	22,000	4	1	7	8	7	5	5	4	5	5	4	4	4
888	창원특례시	지역자활센터운영	10	1,369,246	5	2	7	8	7	5	1	4	5	5	4	4	4
889	창원특례시	종합사회복지관 운영	11	511,781	4	1	5	5	7	1	3	1	1	1	4	4	4
890	창원특례시	종합사회복지관 운영	11	1,790,695	4	1	5	5	7	1	3	1	1	1	4	4	4
891	창원특례시	종합사회복지관 운영	11	435,178	4	1	5	5	7	1	3	1	1	1	4	4	4
892	창원특례시	종합사회복지관 운영	11	483,776	5	1	6	8	7	1	3	1	1	1	4	4	4
893	창원특례시	종합사회복지관 운영	11	531,927	5	1	6	8	7	1	3	1	1	1	4	4	4
894	창원특례시	종합사회복지관 운영	11	754,165	5	1	6	8	7	1	3	1	1	1	4	4	4
895	창원특례시	종합사회복지관 운영	11	92,505	5	1	6	8	7	1	1	1	1	1	4	4	4
896	창원특례시	창원시마산가족센터 운영(위탁)	11	877,450	4	1,4	6	5	6	5	1	4	5	5	4	4	4
897	창원특례시	여성인력개발센터 운영	11	265,000	6	4	6	5	6	5	1	4	5	5	4	4	4
898	창원특례시	여성인력개발센터 운영	11	265,000	6	4	6	5	6	5	1	4	5	5	4	4	4
899	창원특례시	진해여성인력개발센터 운영	11	237,840	8	4	6	5	6	5	1	4	5	5	4	4	4
900	창원특례시	새일센터 지정운영	11	772,214	6	1	6	5	6	5	1	4	5	5	4	4	4
901	창원특례시	새일센터 지정운영	11	808,257	6	1	6	5	6	5	1	4	5	5	4	4	4
902	창원특례시	공동육아나눔터운영	11	56,712	4	1	6	5	6	5	1	4	5	5	4	4	4
903	창원특례시	공동육아나눔터운영(2개소)	11	113,424	4	1	6	5	6	5	1	4	5	5	4	4	4
904	창원특례시	공동육아나눔터운영	11	56,712	8	1	6	5	6	5	1	4	5	5	4	4	4
905	창원특례시	청소년유해환경감시단	11	4,000	1	2	7	8	7	1	1	1	1	1	1	1	1
906	창원특례시	봉림청소년문화의집	11	158,380	4	1	1	5	6	1	1	1	1	1	1	1	1
907	창원특례시	마산청소년문화의집	11	159,680	4	1	1	5	6	1	1	1	1	1	1	1	1
908	창원특례시	진해청소년문화의집	11	134,090	4	1	1	5	6	1	1	1	1	1	1	1	1
909	창원특례시	늘푸른전당	11	1,286,076	4	1	7	8	7	1	1	1	1	1	1	1	1
910	창원특례시	우리누리청소년문화센터	11	1,550,842	4	1	7	8	7	1	1	1	1	1	1	1	1
911	창원특례시	진해청소년야영장	11	320,786	4	1	7	8	7	1	1	1	1	1	1	1	1
912	창원특례시	봉림청소년수련관	11	298,940	4	1	6	6	7	1	1	1	1	1	1	1	1
913	창원특례시	진해청소년수련관	11	483,560	4	1	1	5	6	1	1	1	1	1	1	1	1
914	창원특례시	진해청소년전당	11	650,300	4	1	1	5	6	1	1	1	1	1	1	1	1
915	창원특례시	청소년성문화센터 운영	11	221,969	4	2	1	5	6	1	1	1	1	1	1	1	1
916	창원특례시	육아종합지원센터 운영(전환사업)	11	504,000	4	4	1	5	1	1	1	1	3	1	1	4	4
917	창원특례시	육아종합지원센터(장난감도서관 등)운영	11	165,980	8	4	7	3	7	1	1	4	5	5	4	4	4
918	창원특례시	장난감도서관 운영	11	220,000	4	4	1	3	1	1	1	1	3	1	1	4	4
919	창원특례시	아이행복센터 운영	11	146,160	8	4	7	3	7	1	1	4	5	5	4	4	4
920	창원특례시	노인일자리사업(노인일자리창출지원센터 운영)	11	520,000	5	1	7	8	7	1	1	1	1	1	1	1	1
921	창원특례시	노인일자리사업(시니어클럽운영)	11	1,500,000	5	1	7	8	7	1	1	1	1	1	1	1	1
922	창원특례시	진해노인종합복지관 운영	11	791,122	4	1,4	1	5	1	1	1	1	1	1	1	1	1
923	창원특례시	진해서부노인종합복지관 운영	11	795,000	4	1,4	1	5	1	1	1	1	1	1	1	1	1
924	창원특례시	마산회원노인종합복지관 운영	11	980,000	4	1,4	1	5	1	1	1	1	1	1	1	1	1
925	창원특례시	금강노인종합복지관 운영	11	783,016	5	1,4	7	8	7	1	1	1	1	1	1	1	1
926	창원특례시	금강노인문화센터 운영	11	302,000	5	,4	7	8	7	1	1	1	1	1	1	1	1
927	창원특례시	노인회지회 운영	11	216,000	2	1	7	8	8	1	3	1	1	1	1	1	1

순번	시군구	지출명 (사업명)	중간지원조직 위탁형태 1. 도시재생지원센터 2. 마을만들기센터 (농촌활성화센터 등) 3. 사회적경제지원센터 4. 주민자치센터 5. 창업지원센터 6. NPO지원센터 7. 협동조합지원센터 8. 혁신센터 9. 청년센터 10. 지역자활센터	2025년예산 (단위:천원/1년간)	민간이전 분류 (지방자치단체 세출예산 집행기준에 의거) 1. 민간경상사업보조(307-02) 2. 민간단체 법정운영비보조(307-03) 3. 민간행사사업보조(307-04) 4. 민간위탁금(307-05) 5. 사회복지시설 법정운영비보조(307-10) 6. 사회복지사업보조(307-11) 7. 민간인위탁교육비(307-12) 8. 공기관등에대한경상적위탁사업비(308-13) 9. 공사공단 경상전출금(309-01)	민간이전지출 근거 (지방보조금 관리기준 참고) 1. 법률에 규정 2. 국고보조 재원(국가지정) 3. 용도 지정 기부금 4. 조례에 직접규정 5. 지자체가 권장하는 사업을 하는 공공기관 6. 시,도 정책 및 재정사정 7. 기타 8. 해당없음	입찰방식 계약체결방법 (경쟁형태) 1. 일반경쟁 2. 제한경쟁 3. 지명경쟁 4. 수의계약 5. 법정위탁 6. 기타 ( ) 7. 해당없음	입찰방식 계약기간 1. 1년 2. 2년 3. 3년 4. 4년 5. 5년 6. 기타 ( )년 7. 단기계약 (1년미만) 8. 해당없음	입찰방식 낙찰자선정방법 1. 적격심사 2. 협상에의한계약 3. 최저가낙찰제 4. 규격가격분리 5. 2단계 경쟁입찰 6. 기타 ( ) 7. 해당없음	운영예산 산정 운영비산정 1. 내부산정 (지자체 자체적으로 산정) 2. 외부산정 (외부전문기관위탁 산정) 3. 내·외부 모두 산정 4. 산정 無 5. 해당없음	운영예산 산정 정산방법 1. 내부정산 (지자체 내부적으로 정산) 2. 외부정산 (외부전문기관위탁 정산) 3. 내·외부 모두 산정 4. 정산 無 5. 해당없음	성과평가 성과평가 실시여부 1. 실시 2. 미실시 3. 향후 추진 4. 해당없음	성과평가 성과평가 주기 1. 매년 2. 격년 3. 기간만료전 4. 기타 ( ) 5. 해당없음	성과평가 성과평가 실시 방법 1. 자체 실시 2. 평가단 구성 후 실시 (전문위원 섭외) 3. 전문 평가기관 의뢰 4. 기타 ( ) 5. 해당없음	성과평가 평가기준 적용방법 1. 관련 조례 적용 2. 전문 평가기관 의뢰 3. 기타 ( ) 4. 해당없음	평가결과 적용 실제 인센티브 및 패널티 적용여부 1. 매년 적용 2. 적용 안함 3. 기타 ( ) 4. 해당없음	평가결과 적용 인센티브 및 패널티 적용근거 1. 조례 2. 계약서 3. 기타 ( ) 4. 해당없음
928	창원특례시	장애인복지관 운영(3개소)	11	2,315,803	4	1	1	5	1	1	1	1	1	1	1	1	1
929	창원특례시	장애인의료재활시설 운영	11	478,100	5	1	7	8	7	1	1	1	1	1	1	1	1
930	창원특례시	장애인주간보호시설 운영(10개소)	11	851,000	5	1	7	8	7	1	1	1	1	1	1	1	1
931	창원특례시	시각장애인주간보호시설 운영(3개소)	11	252,000	5	1	7	8	7	1	1	1	1	1	1	1	1
932	창원특례시	장애인공동생활가정 운영(18개소)	11	832,095	5	1	7	8	7	1	1	1	1	1	1	1	1
933	창원특례시	장애인생활이동지원센터 운영(3개소)	11	480,000	5	1	7	8	7	1	1	1	1	1	1	1	1
934	창원특례시	장애인수어통역센터 운영(3개소)	11	500,000	5	1	7	8	7	1	1	1	1	1	1	1	1
935	창원특례시	재활교재대출센터 운영(2개소)	11	238,219	5	1	7	8	7	1	1	1	1	1	1	1	1
936	창원특례시	점자정보도서관 운영	11	220,000	5	1	7	8	7	1	1	1	1	1	1	1	1
937	창원특례시	진해장애인목욕탕 운영	11	102,000	4	1	1	5	1	1	1	1	1	1	1	1	1
938	창원특례시	장애인체육관 운영	11	213,070	4	1	1	5	1	1	1	1	1	1	1	1	1
939	창원특례시	장애인복지관 재가복지센터 운영	11	139,252	4	1	1	5	1	1	1	1	1	1	1	1	1
940	창원특례시	장애아동발달지원센터 운영	11	170,000	4	1	1	5	1	1	1	1	1	1	1	1	1
941	창원특례시	시립 곰두리국민체육센터 운영	11	920,000	4	4	1	5	6	1	1	2	1	1	1	1	1
942	창원특례시	장애인 가족지원센터 운영	11	318,000	2	1	7	1	7	1	1	1	1	1	1	1	1
943	창원특례시	장애인자립생활지원센터 운영(국비)	11	422,532	2	2	7	1	7	1	1	1	1	1	1	1	1
944	창원특례시	장애인자립생활지원센터 운영(도비)	11	573,000	2	1	7	1	7	1	1	1	1	1	1	1	1
945	창원특례시	발달장애인 자립지원센터 운영	11	88,000	2	1	7	1	7	1	1	1	1	1	1	1	1
946	창원특례시	장애인인권센터 운영	11	450,000	2	6	7	1	7	1	1	1	1	1	1	1	1
947	창원특례시	봉암갯벌 생태학습장 관리 및 마산만연안습지학교 운영	11	49,000	1	4	1	7	1	3	3	4	5	5	4	4	4
948	창원특례시	야생동물 보호소 운영	11	8,500	1	4	7	8	7	1	1	1	1	1	1	1	1
949	창원특례시	탄소중립지원센터 운영	11	200,000	8	2	6	4	6	1	2	1	1	2	3	1	3
950	창원특례시	창원정신건강복지센터 위탁운영	11	908,846	4	2	1	3	2	4	1	1	3	1	1	3	1
951	창원특례시	창원중독관리통합지원센터 위탁 운영	11	273,588	4	2	1	3	2	4	1	1	3	1	1	3	1
952	창원특례시	창원시 정신재활센터 위탁 운영	11	600,000	4	1	1	3	2	1	1	1	3	1	1	3	1
953	창원특례시	창원시 정신재활센터 위탁 운영	11	18,200	5	1	1	3	2	1	1	1	3	1	1	3	1
954	창원특례시	중독관리통합지원센터 운영	11	20,000	4	6	1	3	1	3	3	1	3	1	3	3	4
955	창원특례시	진해기적의도서관 위탁운영	7	450,000	4	4	1	5	1	2	1	1	1	3	2	4	2
956	경남 진주시	진주창업지원센터 운영	5	600,000	8	4	7	8	7	5	5	4	5	5	4	4	4
957	경남 사천시	자활근로,지역자활센터 및 광역자활센터운영(자활근로사업)	10	3,309,530	4	1	7	8	7	1	1	1	2	4	3	1	3
958	경남 사천시	자활근로,지역자활센터 및 광역자활센터운영(지역자활센터운영)	10	387,343	5	1	7	8	7	1	1	1	2	4	3	1	3
959	경남 김해시	김해시 어린이.사회복지급식관리지원센터	11	10,986,000	4	2	2	3	6	1	3	1	1	1	3	1	3
960	경남 김해시	지역자활센터 운영비	10	458,460	5	1	7	1	7	5	1	1	1	4	3	1	3
961	경남 김해시	기후변화 홍보체험시설 운영	11	333,480	4	6	1	3	2	2	1	1	3	1	3	3	2
962	경남 김해시	지역아동보호전문기관 운영	11	867,816	5	1	1	5	6	1	1	1	1	1	3	4	4
963	경남 김해시	생활과학교실 운영	11	45,000	1	4	7	8	7	5	5	4	5	5	4	4	4
964	경남 거제시	사회적경제지원센터 운영	3	200,000	4	4	1	3	1	1	1	1	3	1	1	2	4
965	경남 거제시	비정규직노동자지원센터 운영	11	140,000	4	4	1	2	1	1	1	3	3	1	1	4	4
966	경남 거제시	노동자 작업복 공동세탁소 운영	11	25,000	4	4	4	3	7	1	1	1	3	1	1	4	4
967	경남 거제시	노동복지회관 운영	11	267,873	4	4	1	2	1	1	1	3	1	1	1	4	4
968	경남 양산시	청년센터 운영	9	300,000	4	4	1	6	1	1	1	3	3	2	1	2	4
969	경남 양산시	청년센터 운영	9	300,000	4	4	1	6	1	1	1	3	3	2	1	2	4
970	경남 창녕군	지역자활센터 운영	10	252,122	5	1	7	8	7	5	1	1	2	3	3	3	3
971	경남 하동군	귀농귀촌 사관학교 운영	11	20,000	7	1	4	7	1	1	2	4	5	5	4	4	4
972	경남 하동군	아동여성안전지역연대 운영	11	5,000	6	7	7	8	7	5	5	4	5	5	4	4	4
973	경남 하동군	무료경로식당 운영	11	128,600	6	6	7	8	7	5	5	4	5	5	4	4	4
974	경남 하동군	특화시장 운영	11	40,000	3	6	7	8	7	1	1	2	5	5	4	4	4
975	경남 하동군	전통시장 야시장 운영	11	40,000	3	6	7	8	7	1	1	2	5	5	4	4	4
976	경남 하동군	농촌인력중개센터 운영	11	230,000	1	2	7	8	7	5	1	4	5	5	4	4	4

순번	시군구	지출명 (사업명)	중간지원조직 위탁형태 1. 도시재생지원센터 2. 마을만들기센터 (농촌활성화센터 등) 3. 사회적경제지원센터 4. 주민자치센터 5. 창업지원센터 6. NPO지원센터 7. 협동조합지원센터 8. 혁신센터 9. 청년센터 10. 지역자활센터	2025년예산 (단위:천원/1년간)	민간이전 분류 (지방자치단체 세출예산 집행기준에 의거) 1. 민간경상사업보조(307-02) 2. 민간단체 법정운영비보조(307-03) 3. 민간행사사업보조(307-04) 4. 민간위탁금(307-05) 5. 사회복지시설 법정운영비보조(307-10) 6. 사회복지사업보조(307-11) 7. 민간인위탁교육비(307-12) 8. 공기관등에대한경상적위탁사업비(308-13) 9. 공사공단 경상전출금(309-01)	민간이전지출 근거 (지방보조금 관리기준 참고) 1. 법률에 규정 2. 국고보조 재원(국가지정) 3. 용도 지정 기부금 4. 조례에 직접규정 5. 지자체가 권장하는 사업을 하는 공공기관 6. 시,도 정책 및 재정사정 7. 기타 8. 해당없음	입찰방식 계약체결방법 (경쟁형태) 1. 일반경쟁 2. 제한경쟁 3. 지명경쟁 4. 수의계약 5. 법정위탁 6. 기타 ( ) 7. 해당없음	입찰방식 계약기간 1. 1년 2. 2년 3. 3년 4. 4년 5. 5년 6. 기타 ( )년 7. 단기계약 (1년미만) 8. 해당없음	입찰방식 낙찰자선정방법 1. 적격심사 2. 협상에의한계약 3. 최저가낙찰제 4. 규격가격분리 5. 2단계 경쟁입찰 6. 기타 ( ) 7. 해당없음	운영예산 산정 운영비산정 1. 내부산정 (지자체 자체적으로 산정) 2. 외부산정 (외부전문기관위탁 산정) 3. 내·외부 모두 산정 4. 산정 無 5. 해당없음	운영예산 산정 정산방법 1. 내부정산 (지자체 내부적으로 정산) 2. 외부정산 (외부전문기관위탁 정산) 3. 내·외부 모두 산정 4. 정산 無 5. 해당없음	성과평가 성과평가 실시여부 1. 실시 2. 미실시 3. 향후 추진 4. 해당없음	성과평가 성과평가 주기 1. 매년 2. 격년 3. 기간만료전 4. 기타 ( ) 5. 해당없음	성과평가 성과평가 실시 방법 1. 자체 실시 2. 평가단 구성 후 실시 (전문위원 섭외) 3. 전문 평가기관 의뢰 4. 기타 ( ) 5. 해당없음	성과평가 평가기준 적용방법 1. 관련 조례 적용 2. 전문 평가기관 의뢰 3. 기타 ( ) 4. 해당없음	평가결과 적용 실제 인센티브 및 페널티 적용여부 1. 매년 적용 2. 적용 안함 3. 기타 ( ) 4. 해당없음	평가결과 적용 인센티브 및 페널티 적용근거 1. 조례 2. 계약서 3. 기타 ( ) 4. 해당없음
977	경남 하동군	농촌인력중개센터 운영	11	112,500	1	5	7	8	7	5	1	4	5	5	4	4	4
978	경남 거창군	지역자활센터 운영	10	316,176	5	2	5	1	7	5	1	1	2	2	2	1	1
979	경남산청군	지역자활센터위탁근로사업	10	273,280	5	2	5	8	1	1	1	1	1	1	1	1	1
980	경남 함양군	자활근로사업	10	2,829,100	4	1	7	1	7	3	3	1	2	4(도일괄)	1	1	1
981	경남 합천군	행복합천, 희망마을만들기 지역역량강화사업	11	201,600	4	4	1	2	1	1	1	1	1	1	1	4	4
982	경남 합천군	적중면 기초생활거점조성사업(2단계) 지역역량강화 사업	11	546,232	4	4	1	2	1	1	1	1	1	1	1	4	4
983	경남 합천군	2025년 시군역량강화사업	11	501,000	4	4	1	2	1	1	1	1	1	1	1	4	4
984	제주특별자치도	마을만들기종합지원센터 운영	2	793,000	4	4	2	3	6	1	1	3	3	3	2	3	4
985	제주 제주시	일반농산어촌개발 제주시역량강화사업	2	367,200	4	2	4	1	7	1	1	1	3	3	2	1	3
986	제주 제주시	농촌중심지활성화사업(농촌협약)	2	158,200	4	4	7	8	7	5	5	4	5	5	4	4	4
987	제주 제주시	용담1동 도시재생 현장지원센어 운영 및 관리	1	1,000,000	4	4	4	3	7	1	3	1	1	3	1	4	4
988	제주 제주시	일도2동 도시재생 현장지원센터 운여 및 관리	1	250,000	4	4	4	3	7	1	3	1	1	3	1	4	4
989	제주 서귀포시	성산읍 도시재생사업	1	410,000	4	4	4	1	7	1	3	3	3	1	1	1	1

배 성 기 (裵 成 基)

| 약 력 |

現 공공서비스연구원 원장, 한국민간위탁연구소 소장, 한국공공서비스연구소 소장, 한국사회적가치연구소 소장, 한국지방의정연구소 소장, 단국대학교 경영학 박사, 가천대학교 회계학 석사

現 단국대학교 경영학과 외래교수

現 파주시청 민간위탁 운영심의위원, 은평구청 민간위탁 적정성운영위원

現 중랑구의회 의정자문위원, 한국의정연구회 지방의회연구소 초빙교수

現 송파구 민간위탁 운영평가위원, 사회적기업 육성 위원

現 성북구 사회적경제 육성위원, 성북민관협치 운영위원

現 국민권익위원회 부패영향평가 자문위원

現 가천대학교 사회적기업과고용관계연구소 비상임 선임연구원

現 에코아이 지속가능경영연구소 비상임 소장

現 (재)현대산업경제연구원 비상임 연구위원

前 서울시 민간위탁 원가분석 자문위원

前 단국대학교 경제학과 외래교수

| 주요 연구수행실적 |

「정부 및 지자체 등으로부터 위탁받은 사업 매뉴얼 구축 용역」

「2017년 재정사업 성과평가 용역(산림자원육성)」

「농림축산식품 정보화사업 성과관리체계 구축 연구」

「자동차전용도로 효율적 관리를 위한 직무분석 용역」

「산림문화휴양촌 관리운영 방안 수립 연구 용역」

「생활폐기물 수집 · 운반 및 처리시설 민간위탁 타당성 및 운영효율회 방안」

「산업단지 폐수처리시설 민간위탁 타당성 및 운영효율화 방안」

「종합사회복지관 민간위탁 타당성 및 운영효율화 방안」

「장애인복지관 민간위탁 타당성 및 운영효율화 방안」

「노인종합복지관 민간위탁 타당성 및 운영효율화 방안」

「아동 · 청소년시설 민간위탁 타당성 및 운영효율화 방안」

「소각장 민간위탁 타당성 및 운영효율화 방안」

「자동집하시설 민간위탁 타당성 및 운영효율화 방안」

「가로등관리 민간위탁 타당성 및 운영효율화 방안」

「공원관리 민간위탁 타당성 및 운영효율화 방안」

「문화예술체육시설 운영관리 민간위탁 타당성 및 운영효율화 방안」 외 다수

| 주요 저술실적 |

저서 : 지방자치단체 민간위탁 운영관리메뉴얼 Ⅰ, Ⅱ, Ⅲ권, 민간위탁 원가산정, 공공관리와 성과, 민간위탁 조례 및 계약 관리 방안, 하수처리시설 민간위탁 서비스 평가, 공공하수도시설 민간위탁 서비스 경영, 생활폐기물 수집 · 운반 및 처리시설 민간위탁 서비스 경영 등

번역 : OECD 정부기능 및 정부서비스 민간위탁 외 4권

논문 : 민간위탁서비스 핵심운영요인이 운영성과에 미치는 영향에 관한 실증 연구(2014) 등 3개

발표 : 한국생산관리학회, 한국구매조달학회, 한국관광경영학회 등 다수

KCOMI 발간도서 소개

민간위탁 통계

KCOMI 통계

2025 전국 지방자치단체
민·관 협업사무 운영 현황 I

민간위탁금(307-05)
사회복지시설법정운영비보조(307-10)
민간인위탁교육비(307-12)
공기관등에대한경상적대행사업비(308-10)

본 도서는 전국 17개 광역자치단체를 포함한 243개 지방자치단체의 2021년 민관 협업사무 운영 현황으로서 국내에서 유일하게 전국 민관 협업사무 운영 현황을 파악할 수 있는 자료이다. 해당 시리즈는 총 3권으로 제작되었다.

배성기 지음
한국민간위탁경영구소
2025년 3월 출간

KCOMI 통계

2025 전국 지방자치단체
민·관 협업사무 운영 현황 II

민간위탁금(307-05)
사회복지시설법정운영비보조(307-10)
민간인위탁교육비(307-12)
공기관등에대한경상적대행사업비(308-10)

본 도서는 전국 17개 광역자치단체를 포함한 243개 지방자치단체의 2021년 민관 협업사무 운영 현황으로서 국내에서 유일하게 전국 민관 협업사무 운영 현황을 파악할 수 있는 자료이다. 해당 시리즈는 총 3권으로 제작되었다.

배성기 지음
한국민간위탁경영구소
2025년 3월 출간

KCOMI 통계

2025 전국 지방자치단체
민·관 협업사무 운영 현황III

민간위탁금(307-05)
사회복지시설법정운영비보조(307-10)
민간인위탁교육비(307-12)
공기관등에대한경상적대행사업비(308-10)

본 도서는 전국 17개 광역자치단체를 포함한 243개 지방자치단체의 2021년 민관 협업사무 운영 현황으로서 국내에서 유일하게 전국 민관 협업사무 운영 현황을 파악할 수 있는 자료이다. 해당 시리즈는 총 3권으로 제작되었다.

배성기 지음
한국민간위탁경영구소
2025년 3월 출간

KCOMI 통계

2024 전국 지방자치단체
중간지원조직 위탁 운영현황

민간위탁금(307-05)
사회복지시설법정운영비보조(307-10)
민간인위탁교육비(307-12)
공기관등에대한경상적대행사업비(308-10)

본 도서는 전국 17개 광역자치단체를 포함한 243개 지방자치단체의 2021년 민관 협업사무 운영 현황으로서 국내에서 유일하게 전국 민관 협업사무 운영 현황을 파악할 수 있는 자료이다.

배성기 지음
한국민간위탁경영구소
2024년 10월 출간

KCOMI 통계

2024 전국 지방자치단체 정보화사업 추진현황

민간위탁금(307-05)
사회복지시설법정운영비보조(307-10)
민간인위탁교육비(307-12)
공기관등에대한경상적대행사업비(308-10)

본 도서는 전국 17개 광역자치단체를 포함한 243개 지방자치단체의 2021년 민관 협업사무 운영 현황으로서 국내에서 유일하게 전국 민관 협업사무 운영 현황을 파악할 수 있는 자료이다.

배성기 지음
한국민간위탁경영구소
2024년 10월 출간

KCOMI 통계

2024 전국 지방자치단체 사회복지시설 운영현황

민간위탁금(307-05)
사회복지시설법정운영비보조(307-10)
민간인위탁교육비(307-12)
공기관등에대한경상적대행사업비(308-10)

본 도서는 전국 17개 광역자치단체를 포함한 243개 지방자치단체의 2021년 민관 협업사무 운영 현황으로서 국내에서 유일하게 전국 민관 협업사무 운영 현황을 파악할 수 있는 자료이다.

배성기 지음
한국민간위탁경영구소
2024년 10월 출간

KCOMI 통계

2024 전국 지방자치단체 평생교육시설 운영현황

민간위탁금(307-05)
사회복지시설법정운영비보조(307-10)
민간인위탁교육비(307-12)
공기관등에대한경상적대행사업비(308-10)

본 도서는 전국 17개 광역자치단체를 포함한 243개 지방자치단체의 2021년 민관 협업사무 운영 현황으로서 국내에서 유일하게 전국 민관 협업사무 운영 현황을 파악할 수 있는 자료이다.

배성기 지음
한국민간위탁경영구소
2024년 10월 출간

KCOMI 통계

2024 전국 지방자치단체 청소년수련시설 운영현황

민간위탁금(307-05)
사회복지시설법정운영비보조(307-10)
민간인위탁교육비(307-12)
공기관등에대한경상적대행사업비(308-10)

본 도서는 전국 17개 광역자치단체를 포함한 243개 지방자치단체의 2021년 민관 협업사무 운영 현황으로서 국내에서 유일하게 전국 민관 협업사무 운영 현황을 파악할 수 있는 자료이다.

배성기 지음
한국민간위탁경영구소
2024년 10월 출간

KCOMI 통계

2024 전국 지방자치단체 문화예술시설 운영현황

민간위탁금(307-05)
사회복지시설법정운영비보조(307-10)
민간인위탁교육비(307-12)
공기관등에대한경상적대행사업비(308-10)

본 도서는 전국 17개 광역자치단체를 포함한 243개 지방자치단체의 2021년 민관 협업사무 운영 현황으로서 국내에서 유일하게 전국 민관 협업사무 운영 현황을 파악할 수 있는 자료이다.

배성기 지음
한국민간위탁경영구소
2024년 10월 출간

KCOMI 통계

2024 전국 지방자치단체 관광시설 운영현황

민간위탁금(307-05)
사회복지시설법정운영비보조(307-10)
민간인위탁교육비(307-12)
공기관등에대한경상적대행사업비(308-10)

본 도서는 전국 17개 광역자치단체를 포함한 243개 지방자치단체의 2021년 민관 협업사무 운영 현황으로서 국내에서 유일하게 전국 민관 협업사무 운영 현황을 파악할 수 있는 자료이다.

배성기 지음
한국민간위탁경영구소
2024년 10월 출간

KCOMI 통계

2024 전국 지방자치단체 체육시설 운영현황

민간위탁금(307-05)
사회복지시설법정운영비보조(307-10)
민간인위탁교육비(307-12)
공기관등에대한경상적대행사업비(308-10)

본 도서는 전국 17개 광역자치단체를 포함한 243개 지방자치단체의 2021년 민관 협업사무 운영 현황으로서 국내에서 유일하게 전국 민관 협업사무 운영 현황을 파악할 수 있는 자료이다.

배성기 지음
한국민간위탁경영구소
2024년 10월 출간

KCOMI 통계

2024 전국 지방자치단체 민원콜센터 운영현황

민간위탁금(307-05)
사회복지시설법정운영비보조(307-10)
민간인위탁교육비(307-12)
공기관등에대한경상적대행사업비(308-10)

본 도서는 전국 17개 광역자치단체를 포함한 243개 지방자치단체의 2021년 민관 협업사무 운영 현황으로서 국내에서 유일하게 전국 민관 협업사무 운영 현황을 파악할 수 있는 자료이다.

배성기 지음
한국민간위탁경영구소
2024년 10월 출간

KCOMI 통계

2024 전국 지방자치단체 폐기물처리시설 운영현황

민간위탁금(307-05)
사회복지시설법정운영비보조(307-10)
민간인위탁교육비(307-12)
공기관등에대한경상적대행사업비(308-10)

본 도서는 전국 17개 광역자치단체를 포함한 243개 지방자치단체의 2021년 민관 협업사무 운영 현황으로서 국내에서 유일하게 전국 민관 협업사무 운영 현황을 파악할 수 있는 자료이다.

배성기 지음
한국민간위탁경영구소
2024년 10월 출간

KCOMI 통계

2024 전국 지방자치단체 생활폐기물 수집운반 운영현황

민간위탁금(307-05)
사회복지시설법정운영비보조(307-10)
민간인위탁교육비(307-12)
공기관등에대한경상적대행사업비(308-10)

본 도서는 전국 17개 광역자치단체를 포함한 243개 지방자치단체의 2021년 민관 협업사무 운영 현황으로서 국내에서 유일하게 전국 민관 협업사무 운영 현황을 파악할 수 있는 자료이다.

배성기 지음
한국민간위탁경영구소
2024년 10월 출간

KCOMI 통계

2024 전국 지방자치단체 상수도시설 운영현황

민간위탁금(307-05)
사회복지시설법정운영비보조(307-10)
민간인위탁교육비(307-12)
공기관등에대한경상적대행사업비(308-10)

본 도서는 전국 17개 광역자치단체를 포함한 243개 지방자치단체의 2021년 민관 협업사무 운영 현황으로서 국내에서 유일하게 전국 민관 협업사무 운영 현황을 파악할 수 있는 자료이다.

배성기 지음
한국민간위탁경영구소
2024년 10월 출간

KCOMI 통계

2024 전국 지방자치단체 공공하수도시설 운영현황

민간위탁금(307-05)
사회복지시설법정운영비보조(307-10)
민간인위탁교육비(307-12)
공기관등에대한경상적대행사업비(308-10)

본 도서는 전국 17개 광역자치단체를 포함한 243개 지방자치단체의 2021년 민관 협업사무 운영 현황으로서 국내에서 유일하게 전국 민관 협업사무 운영 현황을 파악할 수 있는 자료이다.

배성기 지음
한국민간위탁경영구소
2024년 10월 출간

KCOMI 통계

2024 전국 지방자치단체 민·관 협업사무 운영 현황 I

민간위탁금(307-05)
사회복지시설법정운영비보조(307-10)
민간인위탁교육비(307-12)
공기관등에대한경상적대행사업비(308-10)

본 도서는 전국 17개 광역자치단체를 포함한 243개 지방자치단체의 2021년 민관 협업사무 운영 현황으로서 국내에서 유일하게 전국 민관 협업사무 운영 현황을 파악할 수 있는 자료이다. 해당 시리즈는 총 3권으로 제작되었다.

배성기 지음
한국민간위탁경영구소
2024년 2월 출간

KCOMI 통계

2024 전국 지방자치단체 민·관 협업사무 운영 현황 II

민간위탁금(307-05)
사회복지시설법정운영비보조(307-10)
민간인위탁교육비(307-12)
공기관등에대한경상적대행사업비(308-10)

본 도서는 전국 17개 광역자치단체를 포함한 243개 지방자치단체의 2021년 민관 협업사무 운영 현황으로서 국내에서 유일하게 전국 민관 협업사무 운영 현황을 파악할 수 있는 자료이다. 해당 시리즈는 총 3권으로 제작되었다.

배성기 지음
한국민간위탁경영구소
2024년 2월 출간

KCOMI 통계

2024 전국 지방자치단체 민·관 협업사무 운영 현황 III

민간위탁금(307-05)
사회복지시설법정운영비보조(307-10)
민간인위탁교육비(307-12)
공기관등에대한경상적대행사업비(308-10)

본 도서는 전국 17개 광역자치단체를 포함한 243개 지방자치단체의 2021년 민관 협업사무 운영 현황으로서 국내에서 유일하게 전국 민관 협업사무 운영 현황을 파악할 수 있는 자료이다. 해당 시리즈는 총 3권으로 제작되었다.

배성기 지음
한국민간위탁경영구소
2024년 2월 출간

KCOMI 통계

2024 중앙행정기관 행정사무 민간이전 운영현황

민간위탁금(307-05)
사회복지시설법정운영비보조(307-10)
민간인위탁교육비(307-12)
공기관등에대한경상적대행사업비(308-10)

본 도서는 전국 17개 광역자치단체를 포함한 243개 지방자치단체의 2021년 민관 협업사무 운영 현황으로서 국내에서 유일하게 전국 민관 협업사무 운영 현황을 파악할 수 있는 자료이다.

배성기 지음
한국민간위탁경영구소
2024년 2월 출간

KCOMI 통계

2023 전국 지방자치단체 민·관 협업사무 운영 현황 장애인 복지시설

민간위탁금(307-05)
사회복지시설법정운영비보조(307-10)
민간인위탁교육비(307-12)
공기관등에대한경상적대행사업비(308-10)

본 도서는 전국 17개 광역자치단체를 포함한 243개 지방자치단체의 2021년 민관 협업사무 운영 현황으로서 국내에서 유일하게 전국 민관 협업사무 운영 현황을 파악할 수 있는 자료이다.

배성기 지음
한국민간위탁경영구소
2023년 10월 출간

KCOMI 통계

2023 전국 지방자치단체 민·관 협업사무 운영 현황 청소년 수련시설

민간위탁금(307-05)
사회복지시설법정운영비보조(307-10)
민간인위탁교육비(307-12)
공기관등에대한경상적대행사업비(308-10)

본 도서는 전국 17개 광역자치단체를 포함한 243개 지방자치단체의 2021년 민관 협업사무 운영 현황으로서 국내에서 유일하게 전국 민관 협업사무 운영 현황을 파악할 수 있는 자료이다.

배성기 지음
한국민간위탁경영구소
2023년 10월 출간

KCOMI 통계

2023 전국 지방자치단체 민·관 협업사무 운영 현황 주차장

민간위탁금(307-05)
사회복지시설법정운영비보조(307-10)
민간인위탁교육비(307-12)
공기관등에대한경상적대행사업비(308-10)

본 도서는 전국 17개 광역자치단체를 포함한 243개 지방자치단체의 2021년 민관 협업사무 운영 현황으로서 국내에서 유일하게 전국 민관 협업사무 운영 현황을 파악할 수 있는 자료이다.

배성기 지음
한국민간위탁경영구소
2023년 10월 출간

KCOMI 통계

2023 전국 지방자치단체 민·관 협업사무 운영 현황 공원

민간위탁금(307-05)
사회복지시설법정운영비보조(307-10)
민간인위탁교육비(307-12)
공기관등에대한경상적대행사업비(308-10)

본 도서는 전국 17개 광역자치단체를 포함한 243개 지방자치단체의 2021년 민관 협업사무 운영 현황으로서 국내에서 유일하게 전국 민관 협업사무 운영 현황을 파악할 수 있는 자료이다.

배성기 지음
한국민간위탁경영구소
2023년 10월 출간

KCOMI 통계

2023 전국 지방자치단체 민·관 협업사무 운영 현황 관광시설

민간위탁금(307-05)
사회복지시설법정운영비보조(307-10)
민간인위탁교육비(307-12)
공기관등에대한경상적대행사업비(308-10)

본 도서는 전국 17개 광역자치단체를 포함한 243개 지방자치단체의 2021년 민관 협업사무 운영 현황으로서 국내에서 유일하게 전국 민관 협업사무 운영 현황을 파악할 수 있는 자료이다.

배성기 지음
한국민간위탁경영구소
2023년 10월 출간

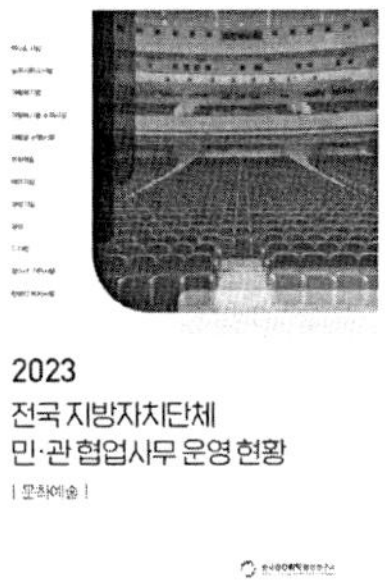

KCOMI 통계

2023 전국 지방자치단체 민·관 협업사무 운영 현황 문화예술

민간위탁금(307-05)
사회복지시설법정운영비보조(307-10)
민간인위탁교육비(307-12)
공기관등에대한경상적대행사업비(308-10)

본 도서는 전국 17개 광역자치단체를 포함한 243개 지방자치단체의 2021년 민관 협업사무 운영 현황으로서 국내에서 유일하게 전국 민관 협업사무 운영 현황을 파악할 수 있는 자료이다.

배성기 지음
한국민간위탁경영구소
2023년 10월 출간

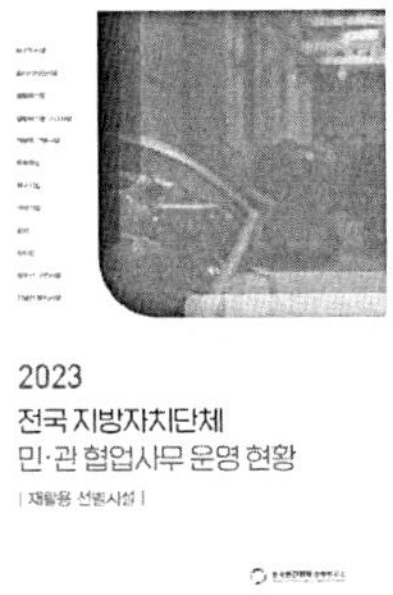

KCOMI 통계

2023 전국 지방자치단체 민·관 협업사무 운영 현황 재활용 선별시설

민간위탁금(307-05)
사회복지시설법정운영비보조(307-10)
민간인위탁교육비(307-12)
공기관등에대한경상적대행사업비(308-10)

본 도서는 전국 17개 광역자치단체를 포함한 243개 지방자치단체의 2021년 민관 협업사무 운영 현황으로서 국내에서 유일하게 전국 민관 협업사무 운영 현황을 파악할 수 있는 자료이다.

배성기 지음
한국민간위탁경영구소
2023년 10월 출간

KCOMI 통계

2023 전국 지방자치단체 민·관 협업사무 운영 현황 생활폐기물 소각시설

민간위탁금(307-05)
사회복지시설법정운영비보조(307-10)
민간인위탁교육비(307-12)
공기관등에대한경상적대행사업비(308-10)

본 도서는 전국 17개 광역자치단체를 포함한 243개 지방자치단체의 2021년 민관 협업사무 운영 현황으로서 국내에서 유일하게 전국 민관 협업사무 운영 현황을 파악할 수 있는 자료이다.

배성기 지음
한국민간위탁경영구소
2023년 10월 출간

KCOMI 통계

2023 전국 지방자치단체
민·관 협업사무 운영 현황
생활폐기물

민간위탁금(307-05)
사회복지시설법정운영비보조(307-10)
민간인위탁교육비(307-12)
공기관등에대한경상적대행사업비(308-10)

본 도서는 전국 17개 광역자치단체를 포함한 243개 지방자치단체의 2021년 민관 협업사무 운영 현황으로서 국내에서 유일하게 전국 민관 협업사무 운영 현황을 파악할 수 있는 자료이다.

배성기 지음
한국민간위탁경영구소
2023년 10월 출간

KCOMI 통계

2023 전국 지방자치단체
민·관 협업사무 운영 현황
슬러지처리시설

민간위탁금(307-05)
사회복지시설법정운영비보조(307-10)
민간인위탁교육비(307-12)
공기관등에대한경상적대행사업비(308-10)

본 도서는 전국 17개 광역자치단체를 포함한 243개 지방자치단체의 2021년 민관 협업사무 운영 현황으로서 국내에서 유일하게 전국 민관 협업사무 운영 현황을 파악할 수 있는 자료이다.

배성기 지음
한국민간위탁경영구소
2023년 10월 출간

KCOMI 통계

2023 전국 지방자치단체
민·관 협업사무 운영 현황
하수도시설

민간경상사업보조(307-02)
민간단체법정운영비보조(307-03)
민간행사사업보조(307-04)

본 도서는 전국 17개 광역자치단체를 포함한 243개 지방자치단체의 2021년 민관 협업사무 운영 현황으로서 국내에서 유일하게 전국 민관 협업사무 운영 현황을 파악할 수 있는 자료이다.

배성기 지음
한국민간위탁경영구소
2023년 10월 출간

KCOMI 통계

2023 전국 지방자치단체
민·관 협업사무 운영 현황 통합본

민간위탁금(307-05)
사회복지시설법정운영비보조(307-10)
민간인위탁교육비(307-12)
공기관등에대한경상적대행사업비(308-10)

본 도서는 전국 17개 광역자치단체를 포함한 243개 지방자치단체의 2021년 민관 협업사무 운영 현황으로서 국내에서 유일하게 전국 민관 협업사무 운영 현황을 파악할 수 있는 자료이다.

배성기 지음
한국민간위탁경영구소
2023년 10월 출간

KCOMI 통계

2023 중앙행정기관 행정사무
민간이전 운영현황

민간경상사업보조(307-02)
민간단체법정운영비보조(307-03)
민간행사사업보조(307-04)

본 도서는 전국 17개 광역자치단체를 포함한 243개 지방자치단체의 2021년 민관 협업사무 운영 현황으로서 국내에서 유일하게 전국 민관 협업사무 운영 현황을 파악할 수 있는 자료이다.

배성기 지음
한국민간위탁경영구소
2023년 2월 출간

KCOMI 통계

2023 공공기관
민긴위탁 운영 현황

민간위탁금(307-05)
사회복지시설법정운영비보조(307-10)
민간인위탁교육비(307-12)
공기관등에대한경상적대행사업비(308-10)

본 도서는 전국 17개 광역자치단체를 포함한 243개 지방자치단체의 2021년 민관 협업사무 운영 현황으로서 국내에서 유일하게 전국 민관 협업사무 운영 현황을 파악할 수 있는 자료이다.

배성기 지음
한국민간위탁경영구소
2023년 2월 출간

KCOMI 통계

2023 전국 지방자치단체 민·관 협업사무 운영 현황 I

민간경상사업보조(307-02)
민간단체법정운영비보조(307-03)
민간행사사업보조(307-04)

본 도서는 전국 17개 광역자치단체를 포함한 243개 지방자치단체의 2021년 민관 협업사무 운영 현황으로서 국내에서 유일하게 전국 민관 협업사무 운영 현황을 파악할 수 있는 자료이다. 해당 시리즈는 총 3권으로 제작되었다.

배성기 지음
한국민간위탁경영구소
2023년 2월 출간

KCOMI 통계

2023 전국 지방자치단체 민·관 협업사무 운영 현황 II

민간위탁금(307-05)
사회복지시설법정운영비보조(307-10)
민간인위탁교육비(307-12)
공기관등에대한경상적대행사업비(308-10)

본 도서는 전국 17개 광역자치단체를 포함한 243개 지방자치단체의 2021년 민관 협업사무 운영 현황으로서 국내에서 유일하게 전국 민관 협업사무 운영 현황을 파악할 수 있는 자료이다. 해당 시리즈는 총 3권으로 제작되었다.

배성기 지음
한국민간위탁경영구소
2023년 2월 출간

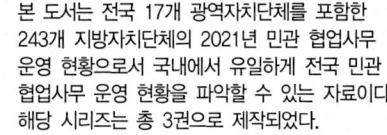

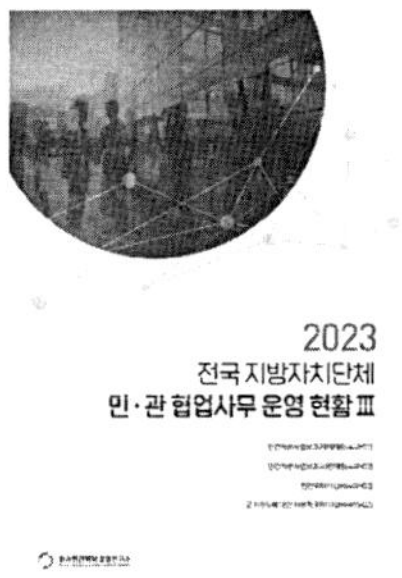

KCOMI 통계

2023 전국 지방자치단체 민·관 협업사무 운영 현황III

민간경상사업보조(307-02)
민간단체법정운영비보조(307-03)
민간행사사업보조(307-04)

본 도서는 전국 17개 광역자치단체를 포함한 243개 지방자치단체의 2021년 민관 협업사무 운영 현황으로서 국내에서 유일하게 전국 민관 협업사무 운영 현황을 파악할 수 있는 자료이다. 해당 시리즈는 총 3권으로 제작되었다.

배성기 지음
한국민간위탁경영구소
2023년 2월 출간

KCOMI 통계 - Ebook

2023 전국 지방자치단체 민간위탁 운영현황

민간위탁금(307-05)
사회복지시설법정운영비보조(307-10)
민간인위탁교육비(307-12)
공기관등에대한경상적대행사업비(308-10)

본 도서는 전국 17개 광역자치단체를 포함한 243개 지방자치단체의 민간위탁금(307–06) 예산 운영 현황으로서, 예산 및 해당사무별 업체선정방법, 개별조례 유무, 원가산정기준, 서비스(성과)평가 유무 등을 파악할 수 있는 자료이다.

배성기 지음
한국민간위탁경영구소
2023년 2월 출간

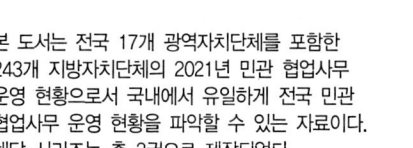

KCOMI 통계

2022 전국 지방자치단체 민·관 협업사무 운영 현황 I

민간경상사업보조(307-02)
민간단체법정운영비보조(307-03)
민간행사사업보조(307-04)

본 도서는 전국 17개 광역자치단체를 포함한 243개 지방자치단체의 2021년 민관 협업사무 운영 현황으로서 국내에서 유일하게 전국 민관 협업사무 운영 현황을 파악할 수 있는 자료이다. 해당 시리즈는 총 3권으로 제작되었다.

배성기 지음
한국민간위탁경영구소
2022년 3월 출간

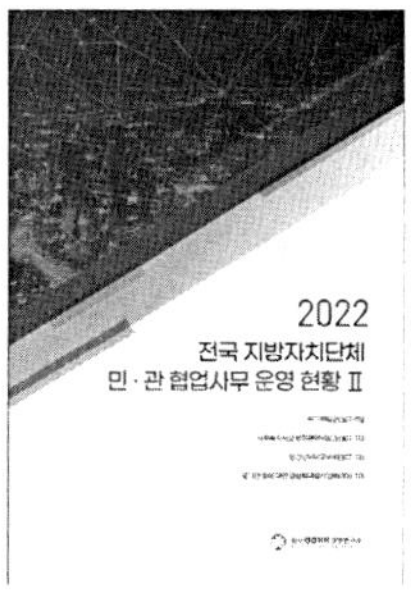

KCOMI 통계

2022 전국 지방자치단체 민·관 협업사무 운영 현황 II

민간위탁금(307-05)
사회복지시설법정운영비보조(307-10)
민간인위탁교육비(307-12)
공기관등에대한경상적대행사업비(308-10)

본 도서는 전국 17개 광역자치단체를 포함한 243개 지방자치단체의 2021년 민관 협업사무 운영 현황으로서 국내에서 유일하게 전국 민관 협업사무 운영 현황을 파악할 수 있는 자료이다. 해당 시리즈는 총 3권으로 제작되었다.

배성기 지음
한국민간위탁경영구소
2022년 3월 출간

KCOMI 통계

2022 전국 지방자치단체 민·관 협업사무 운영 현황Ⅲ

민간경상사업보조(307-02)
민간단체법정운영비보조(307-03)
민간행사사업보조(307-04)

본 도서는 전국 17개 광역자치단체를 포함한 243개 지방자치단체의 2021년 민관 협업사무 운영 현황으로서 국내에서 유일하게 전국 민관 협업사무 운영 현황을 파악할 수 있는 자료이다. 해당 시리즈는 총 3권으로 제작되었다.

배성기 지음
한국민간위탁경영구소
2022년 3월 출간

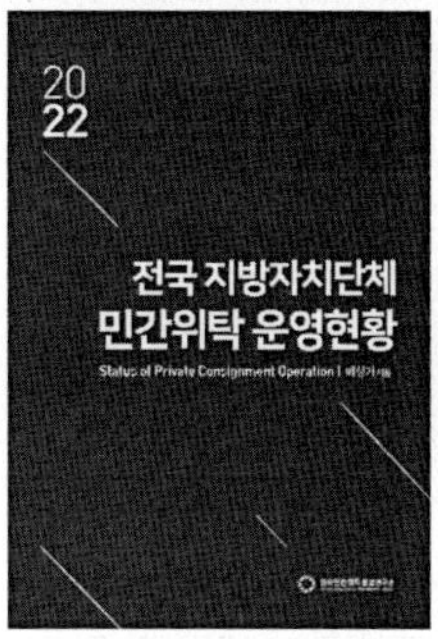

KCOMI 통계 - Ebook

2022 전국 지방자치단체 민간위탁 운영현황

민간위탁금(307-05)
사회복지시설법정운영비보조(307-10)
민간인위탁교육비(307-12)
공기관등에대한경상적대행사업비(308-10)

본 도서는 전국 17개 광역자치단체를 포함한 243개 지방자치단체의 민간위탁금(307-06) 예산 운영 현황으로서, 예산 및 해당사무별 업체선정방법, 개별조례 유무, 원가산정기준, 서비스(성과)평가 유무 등을 파악할 수 있는 자료이다.

배성기 지음
한국민간위탁경영구소
2022년 5월 출간

KCOMI 통계

2022 공공기관 민간위탁 운영현황

본 도서는 전국 340개 공공기관을 대상으로 2021년 전체사무 민간이전 운영현황을 파악할 수 있는 자료이다.

배성기 지음
한국민간위탁경영구소
2022년 5월 출간

KCOMI 통계

2022 중앙행정기관 행정사무 민간이전 운영현황

본 도서는 전국 342개 중앙행정기관을 대상으로 2018년 민간이전 사업 현황을 분석한 자료로서 국내에서 유일하게 민간위탁 현황을 분석하여, 전국 민간위탁 사무의 관리 현황을 제시하고 있다.

배성기 지음
한국민간위탁경영구소
2022년 5월 출간

KCOMI 통계

2021 전국 지방자치단체 민·관 협업사무 운영 현황 I

민간경상사업보조(307-02)
민간단체법정운영비보조(307-03)
민간행사사업보조(307-04)

본 도서는 전국 17개 광역자치단체를 포함한 243개 지방자치단체의 2021년 민관 협업사무 운영 현황으로서 국내에서 유일하게 전국 민관 협업사무 운영 현황을 파악할 수 있는 자료이다. 해당 시리즈는 총 3권으로 제작되었다.

배성기 지음
한국민간위탁경영구소
2021 3월 출간

KCOMI 통계

2021 전국 지방자치단체 민·관 협업사무 운영 현황 II

민간위탁금(307-05)
사회복지시설법정운영비보조(307-10)
민간인위탁교육비(307-12)
공기관등에대한경상적대행사업비(308-10)

본 도서는 전국 17개 광역자치단체를 포함한 243개 지방자치단체의 2021년 민관 협업사무 운영 현황으로서 국내에서 유일하게 전국 민관 협업사무 운영 현황을 파악할 수 있는 자료이다. 해당 시리즈는 총 3권으로 제작되었다.

배성기 지음
한국민간위탁경영구소
2021년 3월 출간

KCOMI 통계

2021 전국 지방자치단체 민·관 협업사무 운영 현황 I

민간경상사업보조(307-02)
민간단체법정운영비보조(307-03)
민간행사사업보조(307-04)

본 도서는 전국 17개 광역자치단체를 포함한 243개 지방자치단체의 2021년 민관 협업사무 운영 현황으로서 국내에서 유일하게 전국 민관 협업사무 운영 현황을 파악할 수 있는 자료이다. 해당 시리즈는 총 3권으로 제작되었다.

배성기 지음
한국민간위탁경영구소
2021 3월 출간

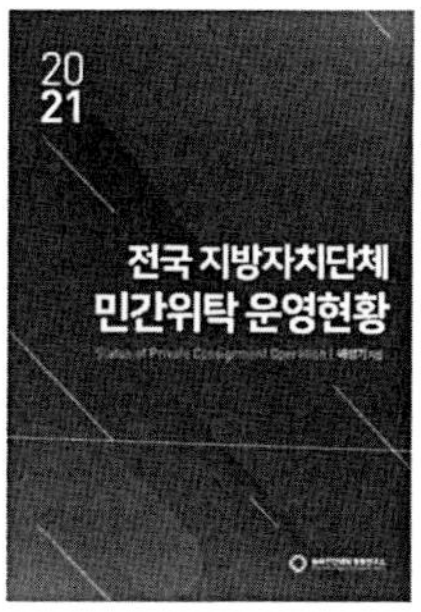

KCOMI 통계 - Ebook

2021 전국 지방자치단체 민간위탁 운영현황

민간위탁금(307-05)
사회복지시설법정운영비보조(307-10)
민간인위탁교육비(307-12)
공기관등에대한경상적대행사업비(308-10)

본 도서는 전국 17개 광역자치단체를 포함한 243개 지방자치단체의 민간위탁금(307–06) 예산 운영 현황으로서, 예산 및 해당사무별 업체선정방법, 개별조례 유무, 원가산정기준, 서비스(성과)평가 유무 등을 파악할 수 있는 자료이다.

배성기 지음
한국민간위탁경영구소
2021년 7월 출간

KCOMI 통계

2021 공공기관 민간위탁 운영현황

본 도서는 전국 340개 공공기관을 대상으로 2021년 전체사무 민간이전 운영현황을 파악할 수 있는 자료이다.

배성기 지음
한국민간위탁경영구소
2021년 5월 출간

KCOMI 통계

2021 중앙행정기관 행정사무 민간이전 운영현황

본 도서는 전국 342개 중앙행정기관을 대상으로 2018년 민간이전 사업 현황을 분석한 자료로서 국내에서 유일하게 민간위탁 현황을 분석하여, 전국 민간위탁 사무의 관리 현황을 제시하고 있다.

배성기 지음
한국민간위탁경영구소
2021년 5월 출간

KCOMI 통계 - Ebook

2020 전국 지방자치단체 민·관 협업사무 운영 현황 I

민간경상사업보조(307-02)
민간단체법정운영비보조(307-03)
민간행사사업보조(307-04)

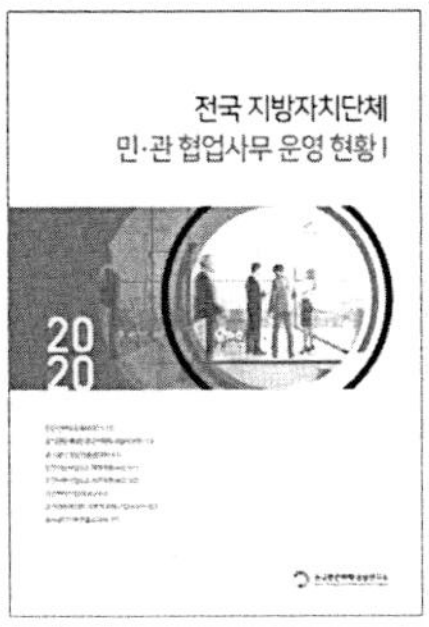

본 도서는 전국 17개 광역자치단체를 포함한 243개 지방자치단체의 2020년 민관 협업사무 운영 현황으로서 국내에서 유일하게 전국 민관 협업사무 운영 현황을 파악할 수 있는 자료이다. 해당 시리즈는 총 3권으로 제작되었다.

배성기 지음
한국민간위탁경영구소
2020 7월 출간

KCOMI 통계 - Ebook

2020 전국 지방자치단체 민·관 협업사무 운영 현황 II

민간위탁금(307-05)
사회복지시설법정운영비보조(307-10)
민간인위탁교육비(307-12)
공기관등에대한경상적대행사업비(308-10)

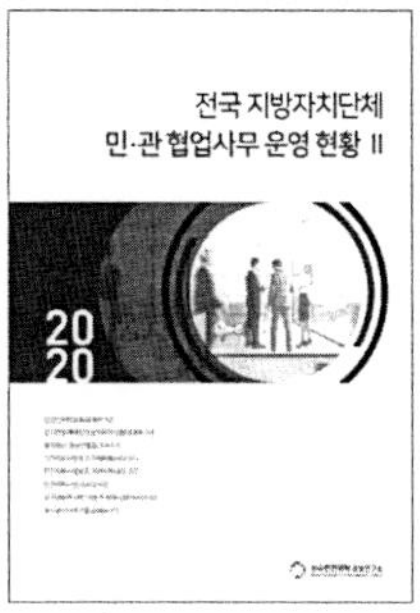

본 도서는 전국 17개 광역자치단체를 포함한 243개 지방자치단체의 2020년 민관 협업사무 운영 현황으로서 국내에서 유일하게 전국 민관 협업사무 운영 현황을 파악할 수 있는 자료이다. 해당 시리즈는 총 3권으로 제작되었다.

배성기 지음
한국민간위탁경영구소
2020년 7월 출간

KCOMI 통계 - Ebook

2020 전국 지방자치단체 민·관 협업사무 운영 현황 III

민간자본사업보조,자체재원(402-01)
민간자본사업보조,이전재원(402-02)
민간위탁사업비(402-03)
공기관등에대한자본적위탁사업비(403-02)

본 도서는 전국 17개 광역자치단체를 포함한 243개 지방자치단체의 2020년 민관 협업사무 운영 현황으로서 국내에서 유일하게 전국 민관 협업사무 운영 현황을 파악할 수 있는 자료이다. 해당 시리즈는 총 3권으로 제작되었다.

배성기 지음
한국민간위탁경영구소
2020년 7월 출간

KCOMI 통계

2020 전국 지방자치단체 민·관 협업사무 운영 현황 통합본

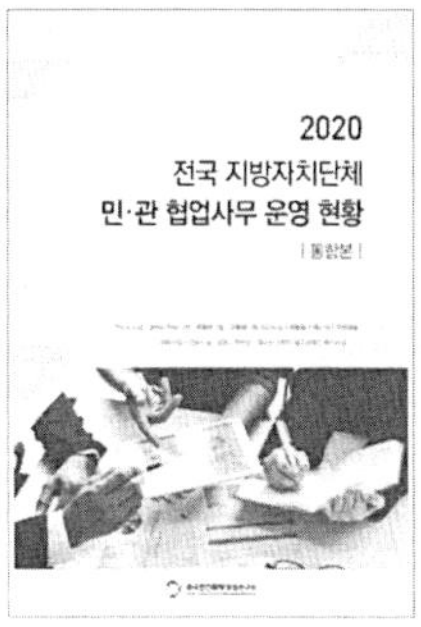

본 도서는 전국 17개 광역자치단체를 포함한 243개 지방자치단체의 각 분야별 2018년 민관 협업사무 운영 현황으로 하수도시설, 하수슬러지건조화시설, 생활폐기물 수집운반, 생활폐기물 소각시설, 재활용 선별시설, 문화예술, 체육, 관광, 공원, 주차장, 청소년수련시설, 장애인복지시설의 운영 현황을 파악할 수 있는 자료이다.

배성기 지음
한국민간위탁경영구소
2020년 7월 출간

KCOMI 통계 - Ebook

2020 전국 지방자치단체 민·관 협업사무 운영 현황

|하수도시설|

본 도서는 전국 17개 광역자치단체를 포함한 243개 지방자치단체의 하수도시설에 대한 2020년 민관 협업사무 운영 현황을 파악할 수 있는 자료이다.

배성기 지음
한국민간위탁경영구소
2020년 5월 출간

KCOMI 통계 - Ebook

2020 전국 지방자치단체 민·관 협업사무 운영 현황

|하수슬러지건조화시설(소각포함)|

본 도서는 전국 17개 광역자치단체를 포함한 243개 지방자치단체의 하수슬러지건조화시설(소각포함)에 대한 2018년 민관 협업사무 운영 현황을 파악할 수 있는 자료이다.

배성기 지음
한국민간위탁경영구소
2020년 5월 출간

KCOMI 통계 - Ebook

2020 전국 지방자치단체 민·관 협업사무 운영 현황 |생활폐기물 수집운반|

본 도서는 전국 17개 광역자치단체를 포함한 243개 지방자치단체의 생활폐기물 수집운반에 대한 2020년 민관 협업사무 운영 현황을 파악할 수 있는 자료이다.

배성기 지음
한국민간위탁경영구소
2020년 5월 출간

KCOMI 통계 - Ebook

2020 전국 지방자치단체 민·관 협업사무 운영 현황 |생활폐기물 소각시설|

본 도서는 전국 17개 광역자치단체를 포함한 243개 지방자치단체의 생활폐기물 소각시설에 대한 2020년 민관 협업사무 운영 현황을 파악할 수 있는 자료이다.

배성기 지음
한국민간위탁경영구소
2020년 5월 출간

KCOMI 통계 - Ebook

2020 전국 지방자치단체 민·관 협업사무 운영 현황 |재활용 선별시설|

본 도서는 전국 17개 광역자치단체를 포함한 243개 지방자치단체의 재활용 선별시설에 대한 2020년 민관 협업사무 운영 현황을 파악할 수 있는 자료이다.

배성기 지음
한국민간위탁경영구소
2020년 5월 출간

KCOMI 통계 - Ebook

2020 전국 지방자치단체 민·관 협업사무 운영 현황 |문화예술부문|

본 도서는 전국 17개 광역자치단체를 포함한 243개 지방자치단체의 문화예술부문에 대한 2020년 민관 협업사무 운영 현황을 파악할 수 있는 자료이다.

배성기 지음
한국민간위탁경영구소
2020년 5월 출간

KCOMI 통계 - Ebook

2020 전국 지방자치단체 민·관 협업사무 운영 현황 |관광부문|

본 도서는 전국 17개 광역자치단체를 포함한 243개 지방자치단체의 관광부문에 대한 2020년 민관 협업사무 운영 현황을 파악할 수 있는 자료이다.

배성기 지음
한국민간위탁경영구소
2020년 5월 출간

KCOMI 통계 - Ebook

2020 전국 지방자치단체 민·관 협업사무 운영 현황 |체육부문|

본 도서는 전국 17개 광역자치단체를 포함한 243개 지방자치단체의 체육부문에 대한 2020년 민관 협업사무 운영 현황을 파악할 수 있는 자료이다.

배성기 지음
한국민간위탁경영구소
2020년 5월 출간

KCOMI 통계 - Ebook

2020 전국 지방자치단체 민·관 협업사무 운영 현황 |공원부문|

본 도서는 전국 17개 광역자치단체를 포함한 243개 지방자치단체의 공원부문에 대한 2020년 민관 협업사무 운영 현황을 파악할 수 있는 자료이다.

배성기 지음
한국민간위탁경영구소
2020년 5월 출간

KCOMI 통계 - Ebook

2020 전국 지방자치단체 민·관 협업사무 운영 현황 |주차장시설|

본 도서는 전국 17개 광역자치단체를 포함한 243개 지방자치단체의 체육부문에 대한 2020년 민관 협업사무 운영 현황을 파악할 수 있는 자료이다.

배성기 지음
한국민간위탁경영구소
2020년 5월 출간

KCOMI 통계 - Ebook

2020 전국 지방자치단체 민·관 협업사무 운영 현황 |청소년수련시설|

본 도서는 전국 17개 광역자치단체를 포함한 243개 지방자치단체의 청소년수련시설에 대한 2020년 민관 협업사무 운영 현황을 파악할 수 있는 자료이다.

배성기 지음
한국민간위탁경영구소
2020년 5월 출간

KCOMI 통계 - Ebook

2020 전국 지방자치단체 민·관 협업사무 운영 현황 |장애인복지시설|

본 도서는 전국 17개 광역자치단체를 포함한 243개 지방자치단체의 장애인복지시설에 대한 2020년 민관 협업사무 운영 현황을 파악할 수 있는 자료이다.

배성기 지음
한국민간위탁경영구소
2020년 5월 출간

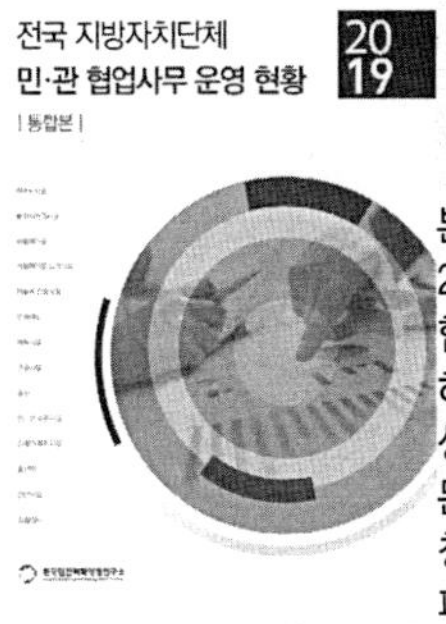

KCOMI 통계
2019 전국 지방자치단체 민·관 협업사무 운영 현황 통합본

본 도서는 전국 17개 광역자치단체를 포함한 245개 지방자치단체의 각 분야별 2019년 민관 협업사무 운영 현황으로 하수도시설, 하수슬러지건조화시설, 생활폐기물 수집운반, 생활폐기물 소각시설, 재활용 선별시설, 문화예술, 체육, 관광, 공원, 주차장, 청소년수련시설, 장애인복지시설의 운영 현황을 파악할 수 있는 자료이다.

배성기 지음
한국민간위탁경영구소
2019년 출간

KCOMI 통계
2019 전국 지방자치단체 민·관 협업사무 운영 현황 I
민간경상사업보조(307-02)
민간단체법정운영비보조(307-03)
민간행사사업보조(307-04)

본 도서는 전국 17개 광역자치단체를 포함한 245개 지방자치단체의 2019년 민관 협업사무 운영 현황으로서 국내에서 유일하게 전국 민관 협업사무 운영 현황을 파악할 수 있는 자료이다. 해당 시리즈는 총 3권으로 제작되었다.

배성기 지음
한국민간위탁경영구소
2019년 출간

KCOMI 통계
2019 전국 지방자치단체 민·관 협업사무 운영 현황 II
민간위탁금(307-05)
사회복지시설법정운영비보조(307-10)
사회복지사업보조(307-11)

본 도서는 전국 17개 광역자치단체를 포함한 245개 지방자치단체의 2019년 민관 협업사무 운영 현황으로서 국내에서 유일하게 전국 민관 협업사무 운영 현황을 파악할 수 있는 자료이다. 해당 시리즈는 총 3권으로 제작되었다.

배성기 지음
한국민간위탁경영구소
2019년 출간

KCOMI 통계
2019 전국 지방자치단체 민·관 협업사무 운영 현황 III
민간인위탁교육비(307-12),
공기관등에대한경상적대행사업비(308-10)
공사공단경상전출금(309-01)
민간자본사업보조,자체재원(402-01)
민간자본사업보조,이전재원(402-02)
민간위탁사업비(402-03)
공기관등에대한자본적위탁사업비(403-02)
공사공단자본전출금(404-01)

본 도서는 전국 17개 광역자치단체를 포함한 245개 지방자치단체의 2019년 민관 협업사무 운영 현황으로서 국내에서 유일하게 전국 민관 협업사무 운영 현황을 파악할 수 있는 자료이다. 해당 시리즈는 총 3권으로 제작되었다.

배성기 지음
한국민간위탁경영구소
2019년 출간

KCOMI 통계 - Ebook
2019 전국 지방자치단체 민·관 협업사무 운영 현황 |하수도시설|

본 도서는 전국 17개 광역자치단체를 포함한 245개 지방자치단체의 하수도시설에 대한 2019년 민관 협업사무 운영 현황을 파악할 수 있는 자료이다.

배성기 지음
한국민간위탁경영구소
2019년 출간

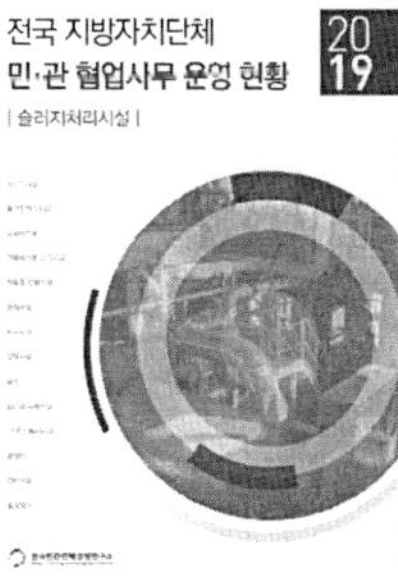

KCOMI 통계 - Ebook
2019 전국 지방자치단체 민·관 협업사무 운영 현황 |슬러지처리시설|

본 도서는 전국 17개 광역자치단체를 포함한 245개 지방자치단체의 하수슬러지건조화시설(소각포함)에 대한 2019년 민관 협업사무 운영 현황을 파악할 수 있는 자료이다.

배성기 지음
한국민간위탁경영구소
2019년 출간

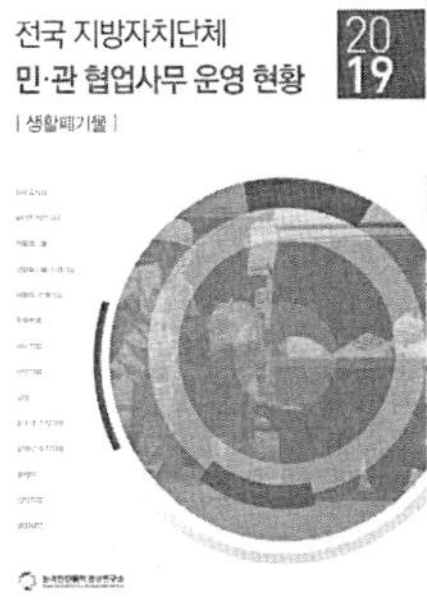

KCOMI 통계 - Ebook
2019 전국 지방자치단체 민·관 협업사무 운영 현황 |생활폐기물 수집운반

본 도서는 전국 17개 광역자치단체를 포함한 245개 지방자치단체의 생활폐기물 수집운반에 대한 2019년 민관 협업사무 운영 현황을 파악할 수 있는 자료이다.

배성기 지음
한국민간위탁경영구소
2019년 출간

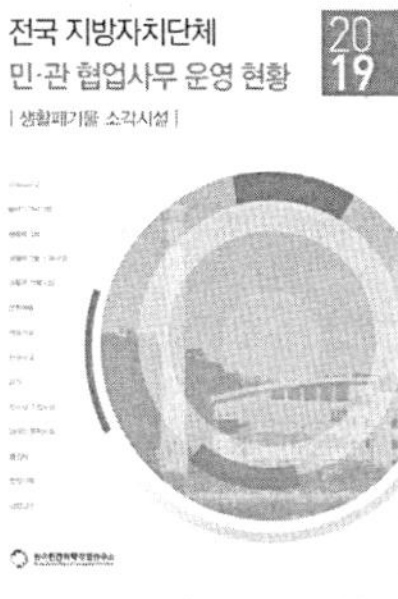

KCOMI 통계 - Ebook
2019 전국 지방자치단체 민·관 협업사무 운영 현황 |생활폐기물 소각시설|

본 도서는 전국 17개 광역자치단체를 포함한 245개 지방자치단체의 생활폐기물 소각시설에 대한 2019년 민관 협업사무 운영 현황을 파악할 수 있는 자료이다.

배성기 지음
한국민간위탁경영구소
2019년 출간

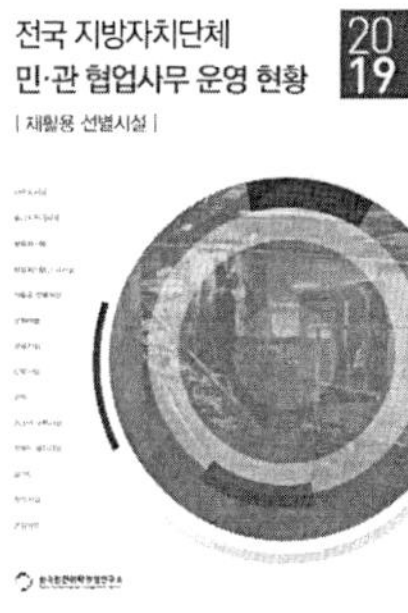

KCOMI 통계 - Ebook

2019 전국 지방자치단체 민·관 협업사무 운영 현황 |재활용 선별시설|

본 도서는 전국 17개 광역자치단체를 포함한 245개 지방자치단체의 재활용 선별시설에 대한 2019년 민관 협업사무 운영 현황을 파악할 수 있는 자료이다.

배성기 지음
한국민간위탁경영구소
2019년 출간

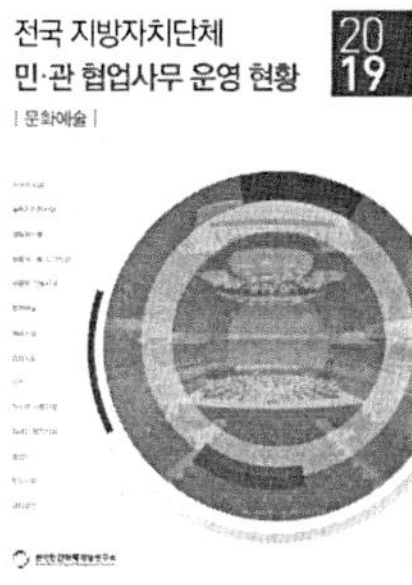

KCOMI 통계 - Ebook

2019 전국 지방자치단체 민·관 협업사무 운영 현황 |문화예술부문|

본 도서는 전국 17개 광역자치단체를 포함한 245개 지방자치단체의 문화예술부문에 대한 2019년 민관 협업사무 운영 현황을 파악할 수 있는 자료이다.

배성기 지음
한국민간위탁경영구소
2019년 출간

KCOMI 통계 - Ebook

2019 전국 지방자치단체 민·관 협업사무 운영 현황 |관광부문|

본 도서는 전국 17개 광역자치단체를 포함한 245개 지방자치단체의 관광부문에 대한 2019년 민관 협업사무 운영 현황을 파악할 수 있는 자료이다.

배성기 지음
한국민간위탁경영구소
2019년 출간

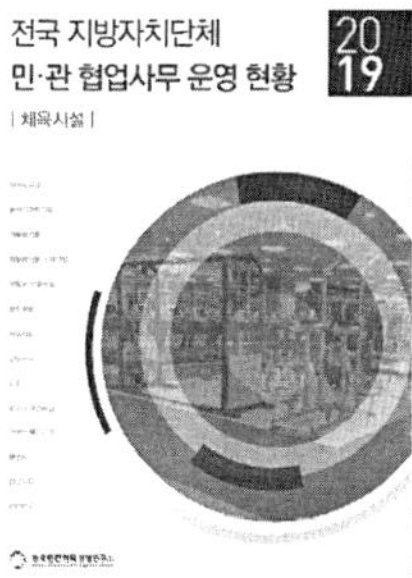

KCOMI 통계 - Ebook

2019 전국 지방자치단체 민·관 협업사무 운영 현황 |체육부문|

본 도서는 전국 17개 광역자치단체를 포함한 245개 지방자치단체의 체육부문에 대한 2019년 민관 협업사무 운영 현황을 파악할 수 있는 자료이다.

배성기 지음
한국민간위탁경영구소
2019년 출간

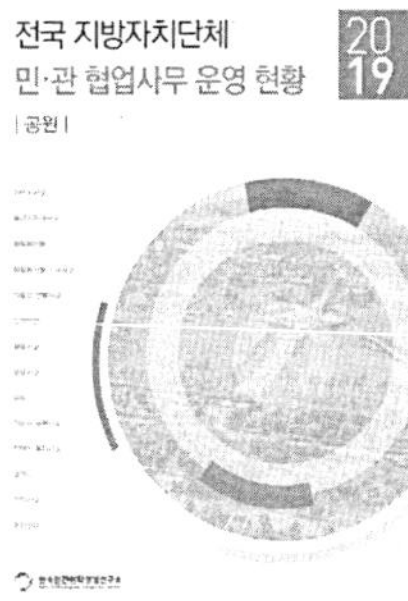

KCOMI 통계 - Ebook

2019 전국 지방자치단체 민·관 협업사무 운영 현황 |공원부문|

본 도서는 전국 17개 광역자치단체를 포함한 245개 지방자치단체의 공원부문에 대한 2019년 민관 협업사무 운영 현황을 파악할 수 있는 자료이다.

배성기 지음
한국민간위탁경영구소
2019년 출간

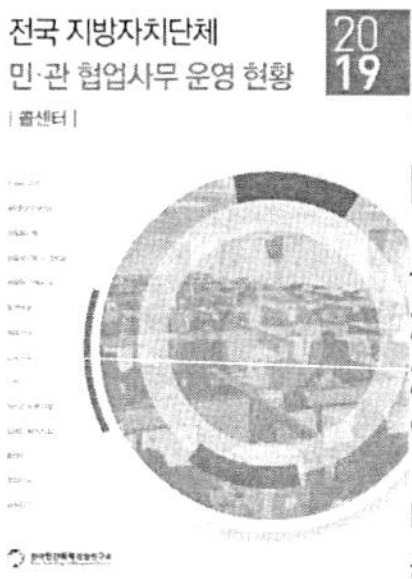

KCOMI 통계 - Ebook

2019 전국 지방자치단체 민·관 협업사무 운영 현황 |콜센터|

본 도서는 전국 17개 광역자치단체를 포함한 245개 지방자치단체의 콜센터 업무에 대한 2019년 민관 협업사무 운영 현황을 파악할 수 있는 자료이다.

배성기 지음
한국민간위탁경영구소
2019년 출간

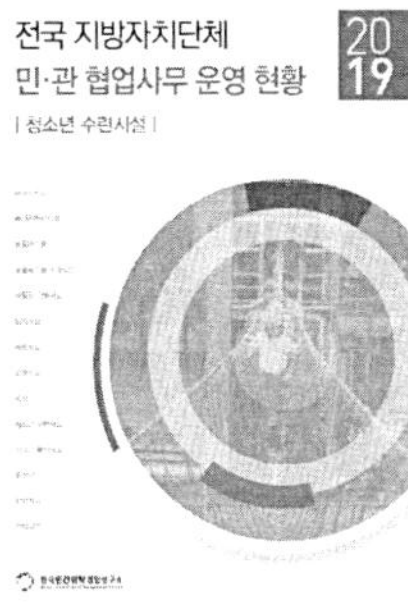

KCOMI 통계 - Ebook

2019 전국 지방자치단체 민·관 협업사무 운영 현황 |청소년수련시설|

본 도서는 전국 17개 광역자치단체를 포함한 245개 지방자치단체의 청소년수련시설에 대한 2019년 민관 협업사무 운영 현황을 파악할 수 있는 자료이다.

배성기 지음
한국민간위탁경영구소
2019년 출간

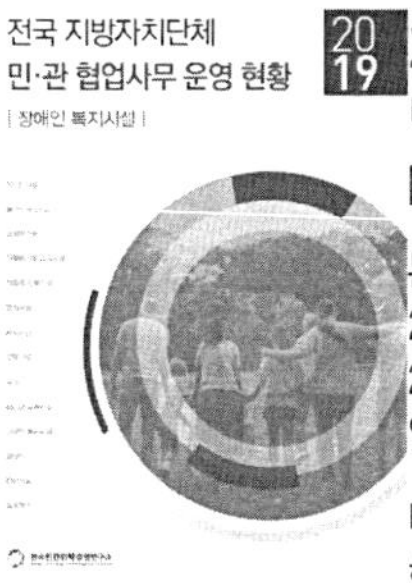

KCOMI 통계 - Ebook

2019 전국 지방자치단체 민·관 협업사무 운영 현황 |장애인복지시설|

본 도서는 전국 17개 광역자치단체를 포함한 245개 지방자치단체의 장애인복지시설에 대한 2019년 민관 협업사무 운영 현황을 파악할 수 있는 자료이다.

배성기 지음
한국민간위탁경영구소
2019년 출간

KCOMI 통계

2019 정보화사업 운영 현황

본 도서는 전국 지방자치단체, 중앙행정기관, 공공기관의 2019년 정보화사업을 대상으로 사업 현황을 분석한 운영 현황 자료이다.

배성기 지음
한국민간위탁경영구소
2019년 8월 출간

SVI 통계 - Ebook

2019 공공기관 사회적 가치 구현사업 운영현황 | 통계자료 |

본 도서는 공공기관 사회적 가치 구현사업의 운영 현황에 대한 통계를 파악할 수 있는 자료이다.

배성기 지음
사회적 가치 연구소
2019년 7월 출간

민간위탁 운영 관리 매뉴얼

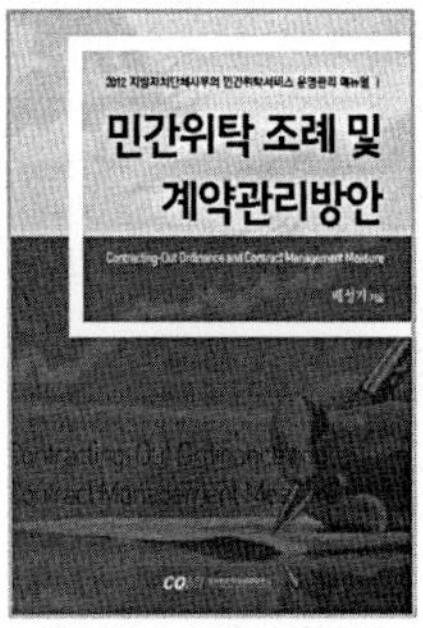

지방자치단체사무의 민간위탁서비스
운영관리매뉴얼 I

민간위탁조례 및 계약관리방안

민간위탁 성패의 키는 계약관리이다.
본 도서는 민간위탁 서비스를 공급함에 있어 사회적 문제와 이슈를 관리 할 수 있는 체계적인 조례 제정 및 계약관리방법론을 제시하고 있다.

배성기 지음
한국민간위탁경영구소 / 450페이지 / 40,000원
2012년 8월 출간

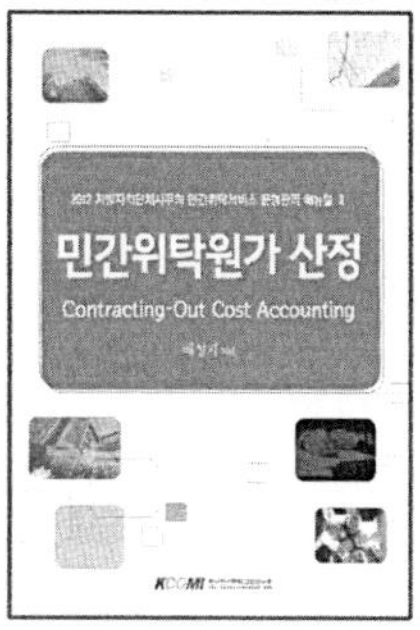

지방자치단체사무의 민간위탁서비스
운영관리매뉴얼 II

민간위탁 운영관리비용 산정

효율적인 서비스 제공을 위한 원가산정방법론 제시 민간위탁서비스의 대시민 만족도를 높이기 위한 시작은 적정한 비용산정과 지급에서 시작된다. 이를 위해 본 도서에서는 세부적인 원가산정방법과 산정예시를 들어 설명하고 있다.

배성기 지음
한국민간위탁경영구소 / 409페이지 / 40,000원
2012년 8월 출간

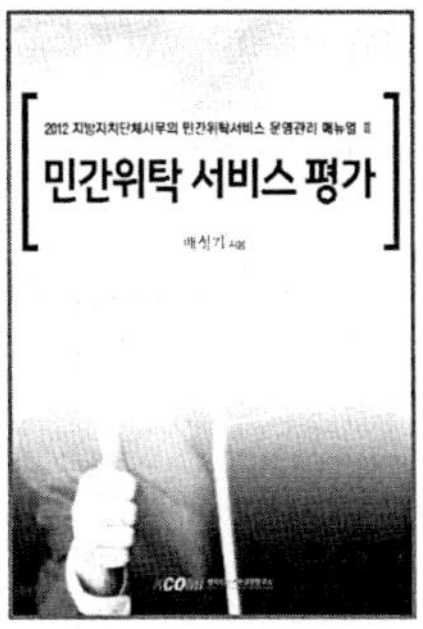

지방자치단체사무의 민간위탁서비스
운영관리매뉴얼 III

민간위탁 서비스 평가

평가 없는 성장 없다.
본 도서에서는 민간위탁 서비스의 지속적인 성장경영을 위한 경영학적 관리지표개발 및 서비스평가방안을 제시하고 있다.

배성기 지음
한국민간위탁경영구소 / 407페이지 / 40,000원
2012년 8월 출간

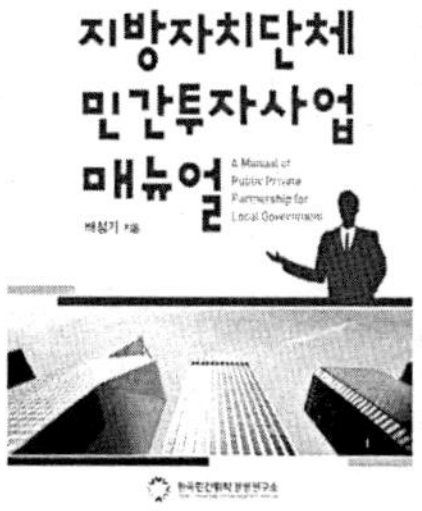

지방자치단체 민간투자사업 매뉴얼

지방자치단체 공무원들이 민간투자사업 정책 수립을 위한 전반적인 내용을 포괄적으로 다루어, 실무에 직접 적용할 수 있도록 방향을 제시하고 있다.

배성기 지음
한국민간위탁경영구소 / 247페이지 / 25,000원
2015년 9월 출간

민간위탁 서비스 경영

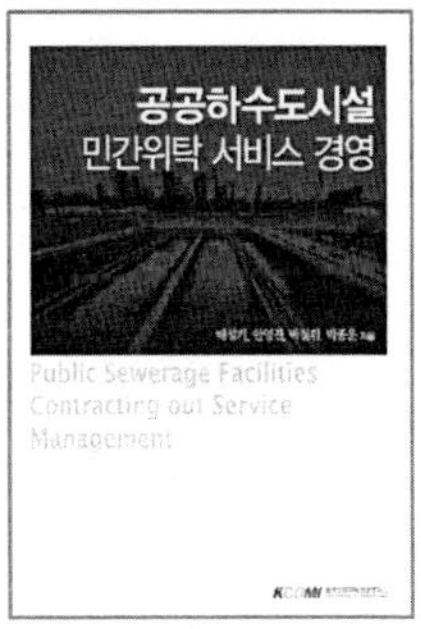

공공하수도시설 민간위탁 서비스경영

환경부통계를 기준으로 전국 공공하수처리시설 중 민간위탁으로 운영되는 시설은 318개소, 운영비는 5,000억 원, 운영인원은 3,642명이다. 민간위탁서비스의 질을 높이기 위해서는 시설관리만이 아닌 경영학적 기법이 도입된 체계적인 관리가 필요하다. 이를 위해서 본 도서에서는 공공하수도시설 민간위탁 서비스 경영을 위한 다양한 방안을 제시하고 있다.

배성기 · 안영진 · 박철휘 · 박종운 지음
한국민간위탁경영연구소 / 530페이지 / 40,000원
2012년 4월 출간

공공체육시설 민간위탁 서비스경영

전국 공공체육시설수는 15,137개소로 지속적으로 증가하고 있으며, 국민이 영위하고자 하는 공공체육서비스의 수순도 날로 증가 하고 있다. 이에 민간위탁으로 운영중인 공공체육시설의 서비스 수준의 향상을 위하여 본 도서에서는 공공체육시설 민간위탁 서비스 경영을 위한 다양한 방안을 제시하고 있다.

배성기 · 김영철 지음
한국민간위탁경영연구소 / 500페이지 / 40,000원
출간예정

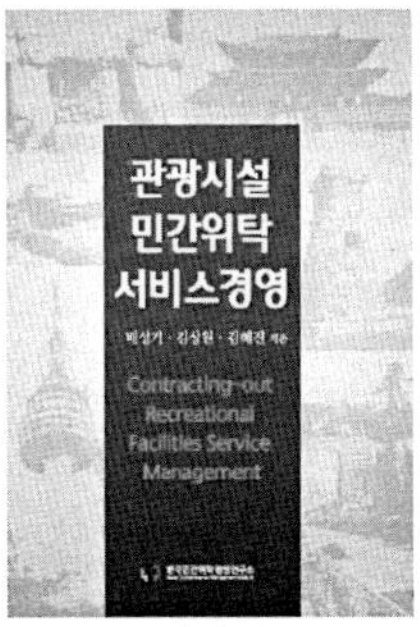

관광시설 민간위탁 서비스경영

관광시설은 관광을 위한 편익을 제공하는 시설로서 숙박, 교통, 휴식시설 등을 통해 지역경제 활성화에 도움을 주고 있다. 이중 민간위탁으로 운영중인 관광시설을 대상으로 본 도서에서는 관광시설 민간위탁 서비스 경영을 위한 다양한 방안을 제시하고 있다.

배성기 · 김상원 · 김혜진 지음
한국민간위탁경영연구소 / 500페이지 / 40,000원
2015년 9월 출간

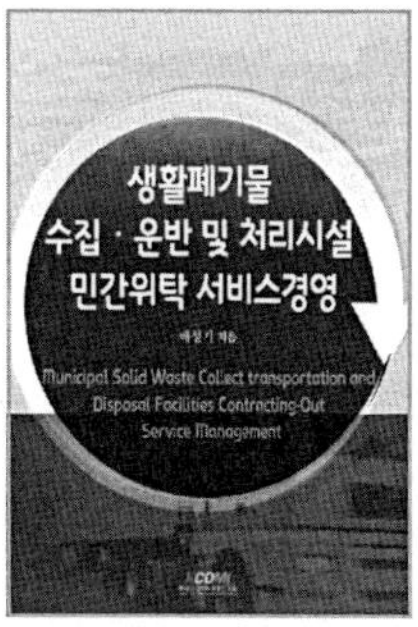

생활폐기물 수집· 민간위탁 서비스경영

우리나라 일일 발생 생활폐기물량은 5만톤 수준으로 지자체에서는 소각, 매립, 재활용 등의 처리를 민간위탁을 통해 수행하고 있다. 본 도서는 민간위탁을 통해 생활폐기물을 처리하고 있는 지자체를 대상으로 효율적·효과적 관리기법을 제시하고 있다.

배성기 지음
한국민간위탁경영연구소 / 500페이지 / 40,000원
2012년 4월 출간

정부원가계산

공기업·준 정부기관·기타 공공기관
정부원가계산의 이론과 실제

공공감사법 적용대상기관인 중앙 41개 기관, 공공 272개 기관의 정부예산 지출시 합리적인 예산지출 및 효과성을 높이기 위해 본 도서는 정부원가계산의 올바른 방법을 이론과 사례를 기준으로 제시하고자 하였다.

배성기 지음
한국민간위탁경영연구소/400페이지/35,000원
2012년 8월 출간

사회적 기업 및 비영리 법인

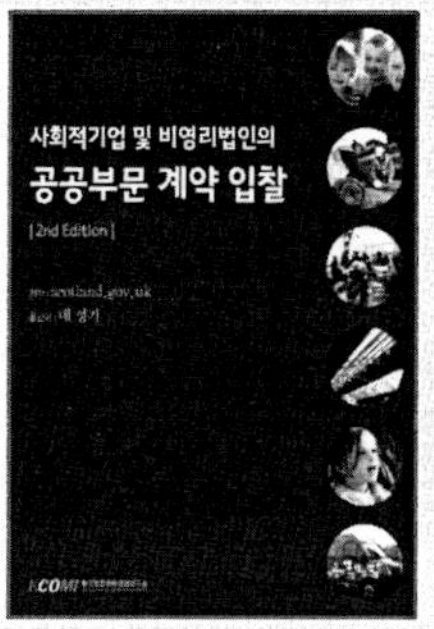

사회적기업 및 비영리법인의
공공부문 계약 입찰

국가 공공서비스가 좀 더 선진 화 되기 위해서는 많은 사회적기업 및 비영리법인이 공공서비스 분야의 입찰 참가를 해야 한다. 정부와 동격의 파트너십을 통해 국민 모두를 파트너십의 수혜자로 만들기 위해 친절하고 자세하게 계약 참여 안내를 하고 있다.

배성기 옮김
한국민간위탁경영연구소 · scotland.gov.uk
/250페이지/30,000원
2012년 8월 출간

기타 민간위탁 분야 도서

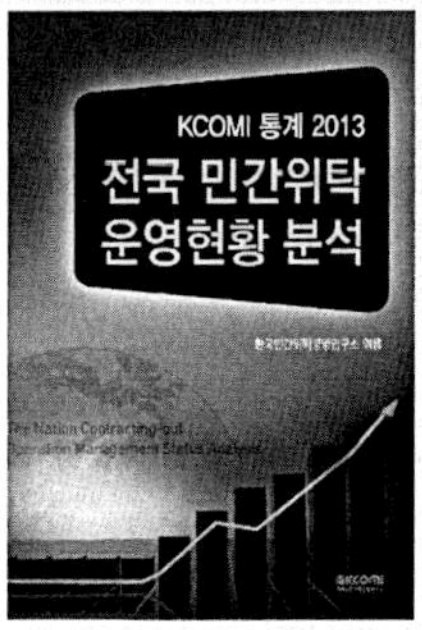

KCOMI통계 2013
전국 민간위탁 운영현황 분석

본 도서는 민간위탁 본연의 목적과 기능을 유지하기 위해 발주처에서는 선택의 폭을 넓히고, 위탁기업들은 건전한 경쟁관계를 유도하기 위하여 전국 246개 지자체별 민간위탁 사무현황, 위탁예산현황, 위탁기업의 현황, 위탁기간 현황, 위탁자 선정방법 등을 조사 · 분석하였다.

배성기 지음
한국민간위탁경영연구소 / 513페이지 / 20,000원
2013년 8월 출간

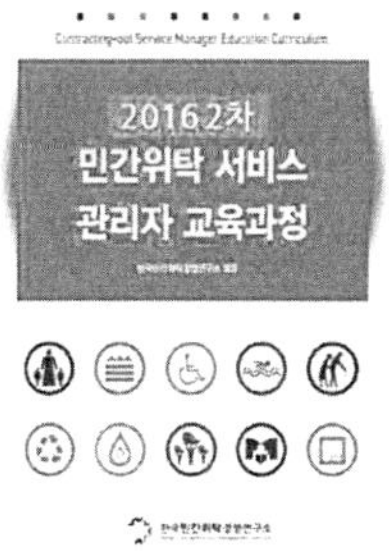

민간위탁 절차 · 평가 개선 교육교재

민간위탁제도가 도입된 지 13년이 지났지만 민간위탁에 대한 제도적 정비 및 운영상의 문제에 대한 지적은 끊이지 않는다. 본 도서는 민간위탁 사무를 추진함에 있어 꼭 필요한 조례, 계약, 비용, 평가 등의 내용을 중심으로 지방자치단체 공무원들의 정책결정을 돕고자 작성되었다.

배성기 지음
한국민간위탁경영연구소
민간위탁교육 참가자 배부용

공공하수처리시설 민간위탁 서비스평가

평가없는 성장 없다.
본 도서는 현행 공공하수처리시설 민간위탁 평가에 대한 법적 근거 및 제도에 대한 고찰을 통하여 보다 합리적인 민간위탁 서비스 평가 방안을 제시하고 있다.

배성기 · 안영진 · 박철휘 · 박종운 지음
한국민간위탁경영연구소 / 316페이지 / 25,000원
2011년 12월 출간

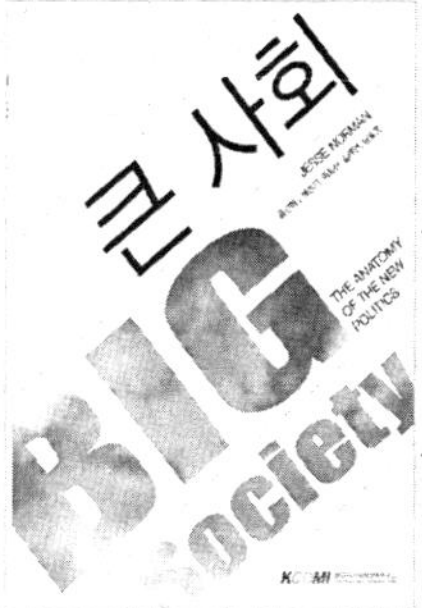

큰 사회(BIG Society)

영국 캐머론 총리의 큰 사회는 공공서비스 향상을 추구하며, 개념적으로는 국가를 반대하지 않으며 다양한 증거를 바탕으로 영국 사회를 지원하고 사회적 욕구를 충족시키는 현재 국가의 능력에 대해 깊이 있게 고민한다. 이는 우리나라에도 시사하는 바가 크므로 소개하고자 하였다.

배성기 · 이화진 · 김태현 · 남효응 옮김
나남출판사 · UBP / 165페이지 / 15,000원
출간 예정

공공관리 번역 도서

분쟁 후 취약한 상황에서의 정부기능 및 정부서비스 민간위탁

본 역서는 원조의 비효율적, 비효과적 집행을 방지하고, 수원국의 역량개발에 도움을 줄 수 있는 방안을 도모하여 현장실무자들과 정부의 정책입안자들과 협력하기 위한 안내서의 역할을 해 줄 것이다. 또한 선진국의 민간위탁제도 운영방법론은 국내에서 좋은 시사점을 제공하고 있다.

배성기 옮김

한국민간위탁경영연구소 · OECD / 165페이지 / 25,000원

2011년 11월 출간

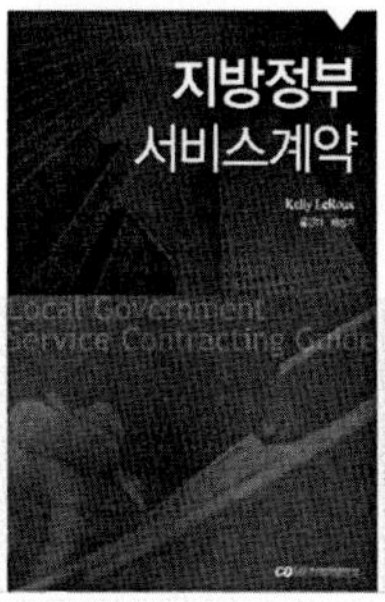

지방정부 서비스계약 (Local Government Contract)

공공을 위한 최선의 거래를 추구하는데 있어서 책임성과 유연성, 공익성과 경제성 등을 최적으로 조합하는 것은 현대 서비스 계약업무의 핵심이다. 본 역서는 그 조합방식을 유용하게 제안하고 있다.

배성기 옮김

한국민간위탁경영연구소 · ICMA / 200페이지 / 30,000원

출간 예정

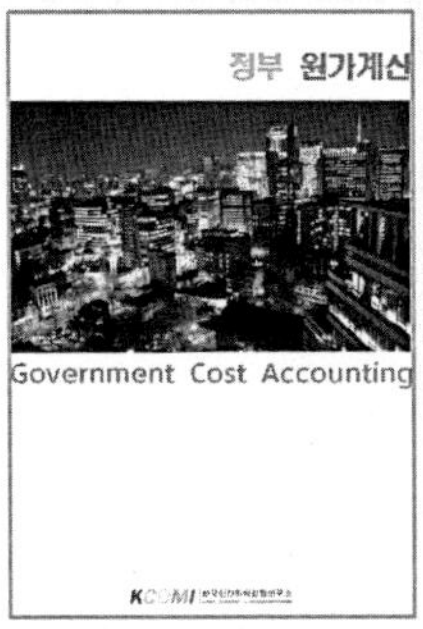

정부계약자들을 위한 가격책정 및 원가계산 (Pricing and Cost Accounting)

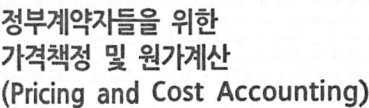

정부와 계약기간 중 요구사항을 준수하고, 이윤을 유지하기 위한 협상방법을 수록하고 있다. 입찰에 대한 변경 요구 사항은 가격책정, 원가계산, 하도급, 계약변경을 수반하며 이에 대한 정보를 제공하고 있다.

배성기 옮김

한국민간위탁경영연구소 · MC / 220페이지 / 25,000원

출간예정

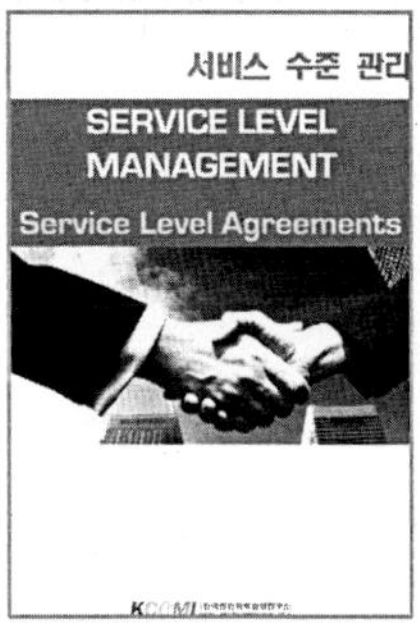

서비스 수준관리 (Service Level Management)

서비스 수준관리(SLM)는 서비스 업무범위를 정의하여 서비스제공에 따른 업무목표, 해당부서 및 책임부서를 기술하고 고객과 서비스 공급업체의 업무분담을 명확히 하여 서비스 공급업체와 고객 양측 모두의 기대와 목적을 충족시키기 위한 내용을 기술하고 있다.

배성기 옮김

한국민간위탁경영연구소 · TAS / 240페이지 / 25,000원

출간 예정

공공관리와 성과 (Public Management and Performance)

공공서비스 성과가 뜻하는 바가 무엇이고, 이와 관련한 연구의 주요 성과는 무엇인가? 왜 관리가 중요한가? 연구자, 정책결정자, 실무자들에게 주는 함의는 무엇이며, 향후 과제는 무엇인가? 에 대해 저자들은 이야기 하고 있다.

배성기 · 김윤경 · 김영철 옮김

한국민간위탁경영연구소 · 캠브리지대학출판사 / 200페이지 / 35,000원

2012년 8월 출간

사회기반시설 자산관리 (Infrastructure Asset Management)

자산관리의 목표, 서비스 제공능력과 자산상태의 구체적 목표를 검토하고, 자산관리 활동을 최적화 · 체계화하기 위해 현재의 서비스 제공능력과 자산상태(condition)를 비교한다. 또 최적의 의사결정을 위해 필요한 재정적 고려사항에 대해서도 요약하고 있다.

유인규 · 박미연 · 배성기 옮김

한국민간위탁경영연구소 · CIRIA / 200페이지 / 35,000원

2012년 8월 출간

지방지치단체 사회적가치구현을 위한 공공조달프레임워크

영국의 중앙 및 지방정부기관들은 최저가 대신 사회적 가치를 고려해 최고가치(Best Value)를 지닌 쪽을 선택하도록 규정과 지침을 만들어 공공조달에 적용하고 있다.

이에, 영국의 사회적 가치 구현을 위한 조달규정 및 지침관련 사례를 발굴하여 국내에 홍보·전파하고자 출간하게 되었다.

배성기

브릿지협동조합 / 170페이지 / 25,000원

2016년 4월 출간

지방자치단체 공공서비스 혁신

협동조합도시 런던시 램버스구

영국 런던시 램버스구, 협동조합방식의 지방자치단체 경영과 공공서비스 혁신을 가능하게 하는 영국의 법·제도적 환경, 지자체조례, 지자체 경영원칙, 사회적 · 경제적 · 환경적 가치구현을 위한 목표달성전략 및 프로세스등을 자세히 소개하고 있다.

배성기 지음

브릿지협동조합 / 184페이지/ 25,000원

2016년 5월 출간

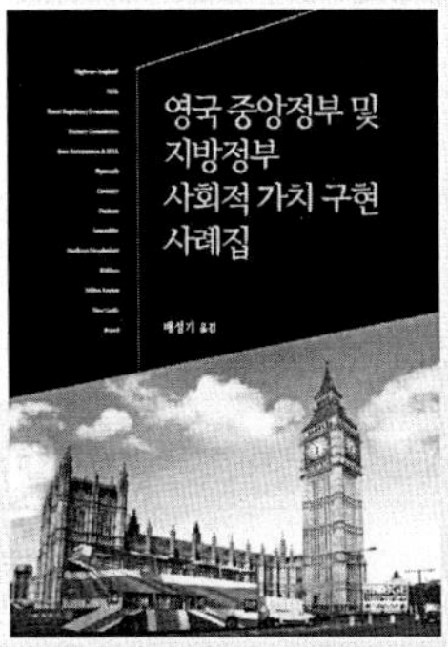

영국 중앙정부 및 지방정부 사회적 가치 구현 사례집

본 지침은 Highways England와 하도급업체가 2012년 공공서비스(사회적가치)법에 의한 서비스 공급과 관련된 사회적가치를 확인하고 구현하기 위한 접근방법을 설명한다.

배성기 옮김

사회적 가치 연구소 / 290페이지 / 21,000원

2018년 6월 출간

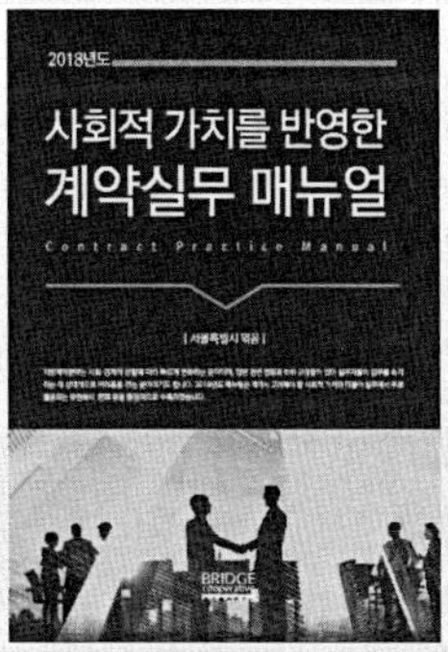

사회적기업 및 비영리법인의 공공부문 계약 입찰

지방계약분야는 사회 · 경제적 상황에 따라 빠르게 변화하는 분야이며, 많은 관련 법령과 하위 규정들이 있어 실무자들이 업무를 숙지하는 데 상대적으로 어려움을 겪는 분야이기도 합니다. 2018년도 매뉴얼은 계약시 고려해야 할 사회적 가치와 더불어 실무에서 주로 활용되는 유권해석, 판례 등을 중점적으로 수록하였습니다.

서울특별시 엮음

브릿지협동조합 / 350페이지 / 24,000원

2018년 6월 출간

공공관리연구원

한국민간위탁연구소
Korea Contracting-out Institue

한국민간위탁연구소는 공공서비스 관리 혁신을 통해
더 나은 정부, 더 나은 사회, 더 많은 사업기회를 만들어 갑니다.

T. 02-943-1941 F. 02-943-1948 E. kcomi@kcomi.re.kr H. www.kcomi.re.kr

도서출판
큰날개

큰날개는 급변하는 국내의 사회 환경 가운데에서 다양한 의견을 수렴하여 인간이 추구하는
더 높은 이상향을 향해 나아가고자 하는 바람을 추구하는 출판전문기업입니다.
특히 사회적으로 가치 있는 콘텐츠를 가진 사람이라면 누구나 책을 출간 할 수 있고,
원하는 독자층에 도달 할 수 있도록 도와주는 퍼블리싱 파트너(Publishing Partner)가 되고자 합니다.

T. 02-943-1947 F. 02-943-1948 H. bigwing.modoo.at